英語攻略の最短 **5** ルート!

Mrs. カトゥーラの

新感タ語

Tim ormance
English

河東田美恵

みらい PUBLISHING

はじめに

●先生の言う通りにしても英語ができない理由

　もし、あなたが「先生に言われた通りに必死に勉強しても、英語がデキるようにならない」と思っているとしたら、才能が無いわけでも、努力が足りないわけでもありません。原因は、先生の得意な感覚とあなたの得意な感覚とのミスマッチ、ただそれだけなのです。

　私は英語の先生をしていますが、もともと英語が得意だったわけではありません。長期留学経験もありません。中学1年生で英語に挫折してしまい、英語は苦手科目でした。それでも当時、先生に言われたとおりに勉強はしていました。「ラジオ英語を聞きなさい」と言われれば、毎日聞きました。「教科書を暗記するくらい読みなさい」と言われれば何度も読みました。でも成績は上がりませんでした。

　中学2年生になって、私の中で英語革命が起こりました。文法を知ったことでした。英語のしくみがわかったとき、それまで納得できていなかったことが解決されて、すいすい英語が頭に入ってくるようになりました。40点だったテストは、90点以上をキープできるまでになりました。これを教えてあげることができれば、私のように英語が苦手な子を全員救ってあげられる！　と、意気揚々私は英語の教員になりました。

でも、「今日はいい説明ができたぞ！」と自画自賛したくなるときにかぎって、クラスの3分の1の子がウトウトしていました。なぜ？　私はこのことがきっかけで、ある重大なことに気が付くのです。

●自分の特性に気付くと英語は倍速で上達する

　人はそれぞれ、得意な**「認知才能」**を使って物事をインプット・アウトプットしています。認知才能は、**直感反応、言語思考、聴覚、視覚、感覚**の5つのタイプに分かれます。同じものを見ても、とらえ方が人それぞれなのは、使っている認知才能が違うからです。

　たとえば、友達と一緒に行った海水浴を思い出すとき、「波がキラキラ光っていてきれいだったよね」と見たことを話す人、「やっぱり波の音は癒されるわ」と聞こえたことを話す人、「青春って感じだったよね」と感じたことを話す人など、思い思いの感想が出ますよね。これこそが人それぞれの感覚の特性であり、認知才能の違いです。

　先生たちも、自分の得意な認知才能を使って教えるので、先生と同じ認知才能を使っている生徒にはわかりやすいけ

れど、そうでない生徒には全く響かないということが起きてしまうのです。

　今の英語学習の問題点は、この一人ひとりの特性を無視して、一律に行われているところにあります。教える側はもちろんのこと、教わる側も自分の得意な認知才能に気付いていないので、強みを生かした勉強の仕方を選べていないのが現状です。

　本も例外ではありません。書店の語学コーナーに並ぶバラエティに富んだたくさんの英語本も、それぞれ著者の得意な認知才能によって異なった勉強法を薦めています。この中から自分にピッタリな本を探すのは至難のわざです。
　そこで、本書は認知才能を意識し、まずは自分の認知才能を知ることから始められる内容にしました。

● 5つの認知才能別学習法『新感覚★タイパ英語』が 英語攻略の最短ルート

「読む、書く」が中心だった受験勉強においても、「聞く、話す」の英語力が必要とされています。私自身が苦手だった英語を克服してきた過程を見える化した結果、英語を「読む、書

く、聞く、話す」ために 必要な項目がわかりました。

- 中学で習う単語力
- 英文法の理解
- リスニングのためのルールを理解すること
- 「聞く」には、「音を聞く力」と「聞いた音を文字化するすべ」が必要
- 「話す」には、考え方と瞬発力、英語スイッチを手に入れることが必要
- コミュニケーションのためには、相手を知ることが大切

　そして、それぞれをマスターするために、**5つの認知才能の要素がすべて必要**なことがわかりました。

- 瞬発力＝直感反応
- ことばの理解＝言語思考
- 聞く力＝聴力、視力
- 日本にいながら英語をマスターするために必要なイメージ力＝視力
- 英語スイッチを感じる力＝感覚

　でもすでに、実は、誰でも勉強をするとき、少なくとも1種類は得意な認知才能を駆使しています。
　そこで、日本中の「英語が苦手な方々」にお伝えしたいのが、『**5つの認知才能別学習法**』です。あなたの強みである

認知才能を生かして英語を学ぶ方法で、5つの認知才能を章ごとに説明しています。

　もし、あなたが「言語思考型」だとしたら、教科書の丸暗記や英語のかけ流しは適した勉強法ではありません。「言語思考型」は、理解をするために、書いてまとめることが最も納得のいくやり方だからです。でも、もし「言語思考型」の素質を少しも持っていない人に英語を教えてもらったら……ちぐはぐな結果になりそうですよね。

　あなたは何タイプだと思いますか？　**序章の3STEPで、あなたの得意な認知才能がわかります！**

●新しい英語感覚をマスターする旅のはじまり

『Mrs.カトゥーラの新感覚★タイパ英語』は、コスパならぬタイムパフォーマンス最高の学習法です。自分の強みを知ることで、一人ひとりにピッタリな近道がわかります。この本を読み終える頃には、得意な感覚が磨かれ、すべての認知才能が自由自在に使えていることでしょう。つまり、それは「英語がデキる」ようになっているということです！
　すべての要素を手に入れるためには、学ぶ順序が大切です。

本書は、第1章から順に読んでいくと効果が半減してしまうかもしれません。ではどうすれば……それは、序章で説明しています。お楽しみに！

　あなたにとって、この本が「英語で世界を広げる」お役に立てることを願っています。

　さあ、いよいよスタートです。まずはゲーム感覚でトライしてくださいね。

 Mrs. カトゥーラ

本書の著者。世界を変える英語講師。難しく思われがちな英語をいかに簡単に楽しく学べるか、日々研究している。好きな言葉は、驚きと好奇心。座右の銘は「笑う門には福来る」。

目次

はじめに

第２章　言語思考型の英語学習法　063

読んだり書いたりまとめたりが得意な「優等生」タイプ
〜英文法これだけわかれば大成功〜

言語思考型にピッタリな学習法＝理由を知る　065

①これだけは知っておきたい英文法　066

・英語はパズル　土台編

第4章　視覚型の英語学習法 127

記憶が映像として残る「カメラマン」タイプ

〜目を使ってリスニング力をアップさせよう〜

第5章　感覚型の英語学習法 149

成りきることが得意な「カメレオン俳優」タイプ

〜英語脳スイッチをオンにしよう〜

第6章　タイプ別苦手な感覚克服法　
5つの感覚を全部磨いて英語を完全マスター

おわりに

序章

認知才能
発見チャート

才能を効率良く開花させるために、次の **3STEP** であなたの認知才能をチェックしましょう。「認知才能発見チャート」は、英語学習をどこから始めるかを決めるためのものなので、気楽に取り組んでくださいね。

STEP 1

8つの質問に答えて得意な才能を発見！

※やり方
　・一つの問いに 10 秒以内で答えてください。
　・最もあてはまる選択肢に✓を付けてください。
　・2つまで複数回答 OK です。
準備はいいですか？　筆記用具の用意をお忘れなく。

Q1. あなたは洋画を観にいくことに。決め手はなに？
□①予告を観たときのテンポ感がよかったから
□②ストーリー（あらすじ）を読んで面白かったから
□③日本語字幕だから
□④吹き替え版だから
□⑤たまたま観た予告が面白そうだったから

Q2. 夏真っ盛り。「海水浴に行こう！」と言われたときの、あなたの反応は？

□①間髪入れずに「いいね！」「やだ！」と声が出る

□②「いつ行くのかな？　誰と行くのかな？」などの質問が
　　頭に浮かぶ

□③波の音や夏の海にピッタリな曲を思い出す

□④まぶしい太陽が輝く夏の海をイメージする

□⑤真夏の海にいる気分になる

Q3.「小野妹子」という歴史上の人物を初めて知ったとき、あなたはどう思った？

□①思わずツッコミを入れてしまった

□②「小野妹子」という文字やその読み方に興味を持った

□③おもしろい音の響きだな、と思った

□④資料にある人物像に興味を持った（服装、髪型など）

□⑤何かしらのインスピレーションを感じた

Q4. 中学時代の英単語小テスト。暗記の仕方は？

□①一問一答形式にして、パッパッと答えていく

□②何度も書く

□③何度も読む、聞く

□④何度も見る

□⑤なんとなく勉強した気になる

Q5. Oh, my god! という声が不意に聞こえてきました。あなたはどういう反応をする?

- □① 「何?」「どうした?」など、思わず声が出てしまう
- □② Oh, my god! という文字が浮かび、いろんな疑問がわく
- □③ Oh, my god! という声が印象に残る
- □④ Oh, my god!(大変)な状況をイメージしている
- □⑤ 体が反応する(音の方を見る、ジェスチャーをする)

Q6. かなり好みの新人歌手をテレビでみました。あなたはどういう反応をする?

- □① 「いいね」「カッコいい!」「かわいい!」と即座に反応する
- □② 名前や曲名、歌詞のテロップに目がいく
- □③ 歌声に耳を傾ける
- □④ 歌っている表情を含め、テレビ画面にくぎ付けになる
- □⑤ その歌手になって歌っているかのように自分を重ねる

Q7. 友人がたれ耳のかわいい猫に向かって「うさぎ」と呼びかけていました。あなたの反応は?

- □① 「は?」「え?」などと声が出る
- □② どこがうさぎに見えるのか考察する
- □③ 友人の「うさぎ」という声が鮮明に耳に残る
- □④ うさぎの画像や映像が浮かぶ
- □⑤ 何も気にならない

Q8. 引っ越しをするために、新しい家の写真や間取り図を見ています。

□①一目で直感的にいい悪いを判断している

□②平米数、管理費など文字情報にまず目がいく

□③写真から想像される生活音などが想起される

□④その家の内観や外観をイメージする

□⑤その家の中に立っている、もしくは生活しているような
　　感覚になる

認知才能発見チャート

◆8つの質問で選んだ番号に✓を書き込んでください。（2つ選んだ場合は2つ✓が入ります）

◆✓の数を1つ1点として合計点を出してください。

	①	②	③	④	⑤
Q1.					
Q2.					
Q3.					
Q4.					
Q5.					
Q6.					
Q7.					
Q8.					
合計					
（点）					

表の①〜⑤は、以下のタイプにあてはまります。

①直感反応型、②言語思考型、③聴覚型、④視覚型、⑤感覚型　点数が高い順に得意とする感覚だとわかります。

合計点が一番高いものがあなたの認知才能タイプになります。

STEP 2

5つの認知才能の特徴を知ろう

① 直感反応型…おしゃべり大好き 「コミュニケーション重視」タイプ

・お笑い（ツッコミ）タイプ
・いわゆる「大阪のおばちゃん」のイメージ
・ノリや会話のテンポが大切
・考え込むと進まない
・言葉の意味が一語一句わからなくても会話できる
・会話そのものを楽しむ性質
・コミュニケーション能力が高い
・頭の回転が速い
・社交性が非常に高い
・相手の表情や声の調子、ボディランゲージなどから状況や感情を読み取り、理解している
・「中学までは英語が楽しかった」という人が多い

 ピカリン

直感反応型代表。おしゃべり大好き。ムードメーカー。天才的なひらめきを武器に、日々楽しく暮らしている。座右の銘は、「生きてるだけで丸もうけ」。

② 言語思考型…読んだり書いたりまとめたりが得意な「優等生」タイプ

- 先生タイプ
- 授業のノートは、字の色、大きさなどを変えてきれいにまとめるのが得意
- イメージを言語化することが得意
- わかりづらい文章を別の表現に変えたり、図式化することが得意
- テレビにテロップが出ると読んでしまう
- 聞いたことを一度文字にして覚える
- 理屈がないと納得しにくい
- 要点を書いて理解することが多い

 げんちゃん

言語思考型代表。頭脳派。穏やかにみんなを見守っている存在。少しおっちょこちょい。好きな名言は「天才とは1％のひらめきと99％の努力」。

③ 聴覚型…ものまね上手な「ミュージシャン」タイプ

- アナウンサー、音楽家タイプ
- 耳からの情報が優位
- 耳コピが得意
- 歌を歌うこと、楽器を演奏することが好き

・劇や映画、ミュージカルなどのセリフ、CM のフレーズ
　や歌の歌詞を聞いただけで覚えられる
・情報処理のスピードが速い
・ダジャレが得意
・録音するかのように記憶したり、理解したりする。
・英語のリスニングは比較的得意

 ミミオ

聴覚型代表。いつも鼻歌を歌っている明るい性格。ダジャレ
が大好き。好きな言葉は、音楽用語で軽やかでユーモアのあ
る、テンポの速い器楽曲という意味の「スケルツォ」（イタリ
ア語では冗談）。

④ 視覚型…記憶が映像として残る 「カメラマン」タイプ

・デザイナー、建築家タイプ
・目からの情報が優位
・人の顔を覚えるのが得意
・キャラクターなどの似顔絵を描くのが上手
・物語を読みながらイメージが湧く
・過去の記憶が写真や動画を見るように頭に浮かぶ
・3歳以前の記憶がある
・写真や動画を撮るように、見たものをそのまま記憶した
　り、理解したりする
・英単語は見て覚える

アイちゃん

視覚型代表。一度会った人の顔は忘れない。視野が広く、過去の出来事をよく覚えている。イメージ優先なので、説明するときに擬音語が多い。目からウロコが落ちる瞬間が大好き。

⑤ 感覚型…成りきることが得意な 「カメレオン俳優」タイプ

・演技派俳優タイプ
・独自の世界観がある
・ごっこ遊びや妄想が好き
・自分の内側の世界を充実させたい
・フィーリングを大切にする
・自分以外の何かに成りきることを楽しめる
・その場の雰囲気になじむことが得意
・海外に行くと、なんとなく英語でコミュニケーションが取れている

 フシギちゃん

感覚型代表。感情移入が得意で、朗読をさせたら右に出る者はいない。最近オシャレに目覚めた彼女は、駅のホームをランウェイに見立てて、スーパーモデルごっこをするのにハマっている。

STEP 3

結果をもとに、英語学習をカスタマイズしよう

　下の表に認知才能のタイプを点数の高かった順に書き込んでください。同点は、同じ順位に並べて書きましょう。

1位	
2位	
3位	
4位	
5位	

【本書の読み進め方】

　前ページの表に書き込んだ順に読み始めてください。同点の場合は、小さい数字の章から読んでください。

　各章に「1分間エクササイズ」があります。1分間でどれだけできるかトライ！　してください。

　読み進めていき、点数が低いタイプになればなるほど読む気がなくなってくるかもしれません。そんなときは、第6章に立ち寄ってください。認知才能ごとの「克服法」を紹介しています。すべての認知才能をバランスよく開花させて英語をマスターしましょう！

第**1**章

直感反応型
の英語学習法

おしゃべり大好き
「コミュニケーション重視」タイプ

英会話を
楽しむことからはじめよう

：ピカリンは、いつも楽しそうにおしゃべりしているわね。テンポがよくて、気持ちがいいわ！

：そう？　考えるより先につい声が出ちゃうんだ。

：声で反応できるのって、英会話にとても必要なことなのよ。

：えー。そうなの⁉

：素晴らしい才能よ！　英会話は、音のキャッチボールを楽しむことなの。

：うれしいな。おしゃべりのラリーならいくらでも続けられるよ！

：まずは、正しさを気にするよりも、楽しむことから始めましょ！

：大賛成！！

○直感反応型の特徴
➡瞬発力が素晴らしい。音のキャッチボールの達人
○英語に役立つ要素
➡英会話「スピーキング」の素質が高い

直感反応型にピッタリな学習法 ＝ 一問一答式

　一問一問に時間をかけないで、パッパッと答える練習を何度も繰り返しましょう。直感反応型の得意な英語力「スピーキング」で能力を発揮するには、「マイあいづち」や「マイあいさつ」を作り、瞬時に返答できるよう準備するのがオススメです。

① 「マイあいづち」リストを完成させよう

② 「マイあいさつ」をつくろう

③ 会話がどんどん続く「AAAパターン」

 ：英会話（スピーキング）のポイント5
・音のキャッチボールを楽しもう！
・深く考えない
・リアクション＝声の反応を第一に
・テンポ感や瞬発力を大切に
・大阪のおばちゃんのイメージで

① 「マイあいづち」リストを完成させよう

定番のあいづち

：あいづちは「会話を盛り上げる掛け声」のような
役目。英語でもパッと声で反応できるようになり
ましょう！　日本語で会話をしているときの、う
なずくタイミングであいづちが打てるといいです
ね。

（ワーク１）好きなあいづちを３つ選んでください。

- ☐ **beautiful**（美しい）
- ☐ **cool**（涼しい、カッコイイ）
- ☐ **fantastic**（素敵な）
- ☐ **good**（いい）
- ☐ **great**（すごい、偉大な）
- ☐ **nice**（いい）
- ☐ **sweet**（甘い、かわいい）
- ☐ **wonderful**（素晴らしい）

※かっこ内の日本語訳は単語がもともと持つ意味で、あいづ
ちとして使われるとき、単語の意味は消えてしまいます。

（ワーク2）選んだあいづちを入れて、言ってみよう

※どのあいづちを使ってもOKです。

友達：I went to the beach yesterday.
　　　（昨日海に行ったの）
あなた：＿＿＿＿＿＿＿＿＿＿＿！

友達：I sent you an email.
　　　（メールを送ったよ）
あなた：＿＿＿＿＿＿＿＿＿＿．

友達：I'm moving next month.
　　　（来月引っ越すの）
あなた：＿＿＿＿＿＿＿＿＿＿．

同意のあいづち

：自分の意見が「あなたの意見と同じだよ」って、言いたいときに使うよ。いろんなパターンで言えるようになれるといいね。

（ワーク１）あなたがよく使いそうなあいづちを ３つ選んでください。

☐ OK.（わかった）
☐ I see.（わかった）
☐ I got it.（了解）
☐ Right.（そうだね）
☐ Sure.（もちろん）
☐ Exactly.（まさに）
☐ Absolutely.（間違いない）
☐ That's correct.（その通り）

※同意のあいづちの中には、質問するように語尾を上げて使うと、相手に「同意を求める」表現として使える単語もあります。

＊ OK? / Is that OK?（いいかな？）
＊ Right?（だよね？）
＊ Is that correct?（合ってますか？）

（ワーク2）選んだあいづちを入れて、言ってみよう

友達：Let's go together.
（一緒に行こう）
あなた：＿＿＿＿＿＿＿＿＿＿＿＿．
（わかった／いいよ　など）

友達：You need a ticket to enter the museum.
（その美術館に入るにはチケットが必要だよ）
あなた：＿＿＿＿＿＿＿＿＿＿＿＿．
（わかった／了解です　など）

友達：He is a good baseball player.
（彼はいい野球選手だ）
あなた：＿＿＿＿＿＿＿＿＿＿＿＿．
（そうだね／まさに／間違いない　など）

友達：He lives in Hokkaido, right?
（彼は北海道に住んでいるよね？）
あなた：＿＿＿＿＿＿＿＿＿＿＿＿．
（その通り　など）

直感反応型の英語学習法　英会話を楽しむことからはじめよう

不同意のあいづち

 ：自分の意見が「あなたの意見と同じではない」と表現したいときに使います。いろんなパターンが言えるようになれるといいですね。

☐ **Sorry, I can't.**（できません）
☐ **No way.**（まさか）
☐ **That's wrong.**（それは違う）
☐ **It's impossible.**（ありえない）

（ワーク）日本語を参考にして、あいづちを入れて言ってみよう

> 友達：Japanese can't speak English.
>
> （日本人は英語が話せない）
>
> あなた：＿＿＿＿＿＿＿＿＿＿＿.
>
> （それは違う／そんなことはない）

> 友達：I have 101 dogs.
>
> （犬を101頭飼っているんだ）
>
> あなた：＿＿＿＿＿＿＿＿＿＿＿.
>
> （まさか／ありえない）

友達：**The teacher is angry with you.**
（先生が君のことを怒っているよ）

あなた：＿＿＿＿＿＿＿＿＿＿＿＿.
（まさか／ありえない）

I did nothing wrong.
（何もしてないよ）

話をにごすときのあいづち

 ：結論がはっきりしないときに使います。可能性の
度合いの違いで言い換えられるといいですね。

（ワーク１）あなたが使いそうなあいづちを３つ選んでください。

☐ **Maybe.**（かもね）
☐ **Probably.**（たぶん）
☐ **Yeah, but....**（そうだね。だけど……）
☐ **I'm not so sure.**（それはちょっとどうかな）

（ワーク２）選んだあいづちを入れて言ってみよう

> 友達：**Is it raining?**
> 　　　（雨が降っているかな）
> あなた：＿＿＿＿＿＿＿＿＿＿ **.**
> 　　　（かもしれないね／かもね）

友達：Is she coming?
（彼女は来るかな）

あなた：＿＿＿＿＿＿＿＿＿＿＿.
（たぶん）

友達：Would you like to go on a date with me?
（もしよかったら、私とデートに行きませんか）

あなた：＿＿＿＿＿＿＿＿＿.
（そうだね。だけど／それはちょっとどうかな）

友達：Is the restaurant good?
（そのレストラン、いい？）

あなた：＿＿＿＿＿＿＿＿＿.
（かもね／たぶん）

驚いたときのあいづち

 ：驚いて、つい声が出ちゃうときに使うよ。いろんなパターンが言えるようになるといいね。

（ワーク１）あなたがよく使いそうなあいづちを３つ選んでください。

☐ **Wow.**（わあ）

☐ **Oh?**（ええ？）

☐ **Great.**（すごいね）

☐ **Really?**（本当に？）

☐ **Is it real?**（本当に？）

☐ **For real?**（マジで？）

☐ **Awesome!**（ヤバい！）

☐ **Fantastic!**（すごい！）

☐ **Amazing!**（すごい！）

☐ **Unbelievable!**（信じられない！）

（ワーク２）選んだあいづちを入れて言ってみよう

友達：I won the game.

　　　（試合に勝ったよ）

あなた：＿＿＿＿＿＿＿＿＿＿．

　　　（ええ？／わあ／すごいね など）

友達：That store is having a sale.

　　　（あのお店でセールをしているよ）

あなた：＿＿＿＿＿＿＿＿＿＿？

　　　（本当に？／本当に？／マジで？ など）

友達：I won the lottery.

　　　（宝くじが当たったよ）

あなた：＿＿＿＿＿＿＿＿＿＿．

　　　（信じられない など）

わからないことを伝えたいときのあいづち

：「わからない」ことも、ちゃんと声で伝えましょう。いろんなパターンが言えるようになるといいですね。

（ワーク１）あなたが使いそうなあいづちを３つ選んでください。

☐ I don't know.（わかりません）
☐ I'm not sure.（（はっきりとは）わからない）
☐ I don't get it.（（意味が）わからない）
☐ Maybe not.（違うかも）

（ワーク2）選んだあいづちを入れて言ってみよう

友達：How many islands are there in Japan?

（日本に島はいくつありますか）

あなた：＿＿＿＿＿＿＿＿＿＿＿＿．

（わかりません）

友達：When will the party start?

（パーティーはいつ始まるの？）

あなた：＿＿＿＿＿＿＿＿＿＿＿＿．

（（はっきりとは）わからない）

友達：Did you get it?

（理解できた？）

あなた：＿＿＿＿＿＿＿＿＿＿＿＿．

（わからない（理解できていない））

友達：Is this ピカリン's pencil?

（これ、ピカリンのえんぴつ？）

あなた：＿＿＿＿＿＿＿＿＿＿＿＿．

（違うかも）

マイあいづちリスト

選んだあいづちを書きましょう！

1. 定番	
2. 同意	
3. 不同意	
4. 話をにごす	
5. 驚き	
6. わからない	

　マイあいづちリストを完成させて、それぞれの意味を覚えたら、リアクション・エクササイズに挑戦しよう！

　リストを参考にして、それぞれのカッコに「マイあいづち」を入れてみましょう。

【定番】

：I went to Nagano last weekend.
（先週末、長野に行ったの）

You：(　　　　　　)

：I'm studying Spanish.
（スペイン語を勉強してるんだよ）

You：(　　　　　　)

：I'll text you soon.
（すぐメールするね）

You：(　　　　　　)

: Talking with you is fun!
（あなたとのおしゃべりは楽しいよ！）

You：（　　　　　　）

 : It's a beautiful day!
（いい日だね！）

You：（　　　　　　）

 : Can you help me?
（手伝ってくれる？）

You：（　　　　　　）

【不同意】

 : You have to work overtime today.
（今日は残業だよ）

You：（　　　　　　）

: Let's have lunch.

（一緒にランチにしよう）

You：（　　　　　）

 : He is good-looking!

（彼、イケメン！）

You：（　　　　　）

【話をにごす】

 : I wonder if it will be sunny tomorrow.

（明日晴れるかな）

You：（　　　　　）

 : Is Mrs. カトゥーラ kind?

（Mrs. カトゥーラって、優しい?）

You：（　　　　　）

 : Did ピカリン finish his assignment?

（ピカリンは課題が終わったかな?）

※ assignment（アサインメント・課題）

You：（　　　　　）

【驚き】

 ：I passed the exam.

（試験に合格したよ）

You：（　　　　　　）

 ：I met a famous person.

（有名人に会ったよ）

You：（　　　　　　）

 ：I hit a home run in today's game.

（今日の試合でホームランを打ったよ）

You：（　　　　　　）

【わからない】

 ：Is he coming?

（彼はくるのかな？）

You：（　　　　　　）

： **Do you know who he is?**

（彼が誰だか知ってる？）

You：（　　　　　）

 ： **Is this hers?**

（これ、彼女の（のもの）かな？）

You：（　　　　　）

　あいづちは、リアクション。**瞬発力がいのち**です。テンポよくあいづちが打てるように、何度も声に出して練習しましょう。

② 「マイあいさつ」をつくろう

 ：コミュニケーションの第一歩はあいさつから！
「調子はどう？　元気？」にはたくさんの表現の
仕方があるよ。Hi! や Good morning. Hello. などの
あとに続けて言うんだ。英語は音のキャッチボー
ル。目が合った瞬間が投げどきだよ。

（ワーク）好きな「調子はどう？」の言い方を
３つ選んでみよう。

【一般的なあいさつ】

☐ How are you?
☐ How have you been?
☐ How has the day been?
☐ How is everything?
☐ How's everything going?

【親しい間柄のあいさつ】

- ☐ What's up?
- ☐ How's life?
- ☐ How are you doing?
- ☐ How's it going?
- ☐ What's happening?

：答えるときは、一言 "Good" で十分です。気分によって変えたい場合は、下の表を参考にしてください。答えたあとは、相手にも「あなたの調子はどう？」と声のボールを投げ返すことを忘れずにね。

Great	100%
Good	70%
Fine	50%
OK	40%
Not too bad	35%
Not so good	25%
Bad	20%
Horrible	0%

直感反応型の英語学習法　英会話を楽しむことからはじめよう

③ 会話がどんどん続く「AAAパターン」

：「AAA」とは、

> **Ask**（質問する、たずねる）
> **Answer**（答える）
> **Add**（付け加える）

の頭文字です。

　英語ネイティブが会話のキャッチボールを楽しむために使っている、とっておきの会話パターンです。

：<u>What's up?</u>【**質問する**】
（どうよ？）

：<u>Good!</u>【**答える**】
（元気だったよ）
<u>What's up?</u>【**付け加える（質問）**】
（君は？）

：<u>Good!</u>【**答える**】
（元気さ）
<u>I slept for 10 hours.</u>【**付け加える（質問）**】
（10時間寝たしね）

<u>Do you have an English class today?</u> 【質問する】
（今日、英語の授業ある？）

：<u>Yeah....</u> 【答える】
（あるよ……）

　というふうに、「AAA パターン」を使うと、キャッチボールは簡単に続けられます。

：【会話を付け加える】ときに、オールマイティーに使える魔法のフレーズがあるよ！　それは

"How about you?" （あなたはどう？）

：<u>Do you like baseball?</u> 【質問する】
（野球は好きですか？）

：<u>Yes.</u> 【答える】
（はい）
<u>I'm a big fan of Ohtani.</u> 【付け加える】
（大谷選手の大ファンです）
<u>How about you?</u> 【質問する】
（あなたはどう？）

というように使います。

　例を参考に、AAA パターンに挑戦してみましょう！　空欄に文章を入れてください。まずは**日本語**で考えてみましょう。

＜例＞

：How are you? 【質問する】
（お元気ですか？）

：Good. 【答える】
How are you? 【付け加える（質問）】

　では、　レッツエクササイズ！　回答例は 57 ページにあります。

: **Do you enjoy talking with** ピカリン？

【質問する】

（ピカリンとのおしゃべりは楽しい？）

You： ＿＿＿＿＿＿＿＿＿＿＿＿＿＿＿＿＿＿ . 【答える】

＿＿＿＿＿＿＿＿＿＿＿＿＿＿＿＿ . 【付け加える】

＿＿＿＿＿＿＿＿＿＿＿＿＿＿＿＿ . 【質問する】

: **Do you like learning English?**

【質問する】

（英語の勉強は好き？）

You： ＿＿＿＿＿＿＿＿＿＿＿＿＿＿＿＿＿＿ . 【答える】

＿＿＿＿＿＿＿＿＿＿＿＿＿＿＿＿ . 【付け加える】

＿＿＿＿＿＿＿＿＿＿＿＿＿＿＿＿ . 【質問する】

直感反応型の英語学習法　英会話を楽しむことからはじめよう

: **What do you like to do in your free time?**

【質問する】

（時間があるとき、何をするのが好きですか
（趣味は何ですか））

You： _____ . 【答える】

_____ . 【付け加える】

_____ . 【質問する】

: **How was your weekend?**

【質問する】

（週末はどうだった？）

You： _____ . 【答える】

_____ . 【付け加える】

_____ . 【質問する】

＜回答例＞

：Do you enjoy talking with ピカリン？

（ピカリンとのおしゃべりは楽しい？）

You：<u>Yes. Because he is funny. How about you?</u>

（うん。彼は面白いから。あなたははどう？）

：Do you like learning English?

（英語の勉強は好き？）

You：<u>No. I don't like learning English.</u>

<u>Do you like learning English?</u>

（いいえ。英語の勉強は好きじゃない。あなたは好き？）

：What do you like to do in your free time?

（時間があるとき、何をするのが好きですか？（趣味は何ですか））

You：<u>I'm into tennis. I practice every day.</u>

<u>Do you like tennis?</u>

（テニスにハマってる。毎日練習しているよ。テニスは好き？）

：How was your weekend?

（週末どうだった？）

You：<u>Nothing special. But I read Mrs. カトゥーラ's book.</u>

<u>Do you know it?</u>

（特に何も。だけど、Mrs.カトゥーラの本を読んだよ。知ってる？）

自分が話したい内容を質問することで、会話の主導権を握ることができます。好きな話を振る練習もしてみてください。興味があることは話しやすいですし、英単語も覚えやすいですよね。

深めるコラム

英会話はノリツッコミの宝庫

　そもそも、英語と日本語では「会話」に対する概念が全く違います。英会話はリアクション＝声の反応のやり取りと言えます。具体的な会話の例をみてみましょう。私がネイティブの先生二人と担当していた授業での一コマです。

　ネイティブJ先生の好きな食べ物を当てるゲームをしました。生徒がいくつか質問をしながら、正解を探っていきます。何回かやり取りがあったあと、正解を発表するところからの会話です。

　J：The answer is avocado! I love avocados!

（正解は、アボカド！　アボカド大好き！）

N : I hate them.

（僕は嫌いだ）

J : Avocados are a superfood. I eat 5 avocados a day.

（アボカドは特別。毎日５個は食べるよ）

N : Oh my. You need an avocado tree.

（え──!?　もうアボカドの木が必要だね）（大笑い）

　J先生が、毎日アボカドを５個も食べていると言ったことに対して、「食べ過ぎ」の代わりに「もう木が必要だね」ということばのセンスに感心。そして驚いたのは、会話のやり取りの速さでした。ポンポンポンと、まるで高速でキャッチボールをしているかのようでした。

　笑いが起こるときは、テンポのいいリアクションがやり取りされているものです。彼らにとって、会話は音のキャッチボールを楽しむためのものと言っていいでしょう。気の利いたリアクションや、ユーモアあふれる会話は、お笑いのノリツッコミに思えて仕方ありません。

　テンポのいいキャッチボールを楽しく続けるためには、必ずしも事実を真面目に伝える必要はありません。J先生が本当にアボカドを毎日５個食べているかどうかは、定かではありません。

　もっと言えば、伝える手段は言葉でなくていいんです！彼らはちょっとニヒルな笑顔を浮かべてみたり、ウインクをしたり、ダブルクォーテーションマーク「" "」のジェスチャーをしたり、日本語でいうところの「なんちゃっ

て」感を出しつつ、会話を楽しんでいます。

　とはいえ、英会話の概念と言われてもピンとこない人がいるかもしれませんよね。
　そういうときにイメージしてほしいのが「大阪のおばちゃん」です！
　「大阪のおばちゃん」たちの会話をイメージしてみましょう。セールでバッグを安く買えたことを、バッタリ会った友達に話すときの会話です。

おばちゃんＡ：このかばんいくらやったと思う？
おばちゃんＢ：１万円？
おばちゃんＡ：1000 円やで‼
おばちゃんＢ：えー‼　めっちゃ安いやん。どこで売ってんのん⁉
　　　　　　（話のつづきはエンドレス）

　おばちゃん達の機関銃のようなやり取り、イメージできましたか？　「大阪のおばちゃん」は、相手のリアクションとテンポの良さを会話に求めます。これは、まさに英会話に大切なポイントと同じですね。

テンポのいい会話のためには、英語であれ日本語であれ、考えるよりも、**即座のリアクション＝声の反応**を心がけることが大切です。

さらに深めるコラム

～直感反応型にピッタリな英語学習本～

①直感反応型に特にオススメ
（英語の勉強を始めるときにオススメな本）
★『「なんでやねん」を英語で言えますか？　知らんとヤバいめっちゃ使う50のフレーズ＋α』
川合亮平、こいけぐらんじ
KADOKAWA　2016年
★『困ったときの英会話ごまかしフレーズ120』
佐久間治
研究社　2015年

②英文法を学ぶのにオススメ
★『会話できる英文法大特訓』
妻鳥千鶴子
Jリサーチ出版　2012年

③リスニングを学ぶのにオススメ
★『聞き取ってパッと話せるとっさの英会話トレーニング』

直感反応型の英語学習法　英会話を楽しむことからはじめよう

長尾和夫、トーマス・マーティン

高橋書店　2020 年

④英会話を学ぶのにオススメ

★『完全改訂版　英会話 1000 本ノック』

スティーブ・ソレイシィ

コスモピア　2022 年

★『すぐに応える力がつく 即レス英会話 全フレーズ集』

高山芳樹

NHK出版　2021 年

★『どんどん話すための瞬間英作文トレーニング』

森沢洋介

ベレ出版　2006 年

★『絵で見てパッと言う英会話トレーニング　基礎編』

ノブ・ヤマダ

学研プラス　2011 年

第**2**章

言語思考型
の英語学習法

読んだり書いたりまとめたりが
得意な「優等生」タイプ

英文法
これだけわかれば大成功

:実は僕、英語が苦手なんです。時間をかけている割に、ぜんぜんうまくいかなくて。

:教科書を丸暗記したり、音源を聞き流したりしていない？

:してます。なんでわかるんですか？

:げんちゃんの才能を英語に生かすとしたら、まずは、英語のしくみ、つまり文法を理解することをオススメするわ。

:そうだったんだ。たくさん単語を覚えて、たくさん英語を聞くことが必要だと思っていました。

:勉強する順序が大切よ。才能を生かして、タイパ最高でいきましょう！

〇言語思考型の特徴

➡分析が得意。ニュアンスだって理屈で説明してほしい

〇英語に役立つ要素

➡聞く・話す・読む・書くすべてに必要な骨組み

「文法」を理解する力

言語思考型にピッタリな学習法 ＝ 理由を知る

　言語思考型の人は、疑問に思ったらチャンス！　なぜそうなっているのか、理由を知ることが記憶を定着させてくれます。英語の成り立ちや歴史、英語と日本語の違いなど、興味がわくことから英語を知ることもオススメです。また、試験を英語学習のモチベーションにできるのも、言語思考型ならではの特徴です。

① これだけは知っておきたい英文法
- ・英語はパズル「土台編」、「ピース編」、「ルール編」
- ・時間にアンテナをはろう

② 英語をペラペラにする「英語あたま」
- ・ことばの削除
- ・ことばの言い換え
- ・ことばの具体化

③ 「英語あたま」をマスターしよう
- ・英語あたまをきたえる1分間エクササイズ「日本語編」
- ・英語あたまをきたえる1分間エクササイズ「英語編」

① これだけは知っておきたい英文法

それは「語順」です

　英語は、単語の並び順が決まっています。ことばの順番で「だれが」「何を」するのかを伝えます。

　ということは、順番通りに単語を並べないと、思っていることが表現できないということです。

　日本語には**「は、が、を、に」**といった詞（ことば）があるおかげで、どんな並び順にしても「誰が」「何を」するのかわかりますよね。

　英語には、この「は、が、を、に」にあたる詞（ことば）がありません。その代わりに、**順番＝文の構成**で「誰が」「何を」するのかがわかるようになっているのです。

英語はパズル　土台編

：英語は、当てはめる先が決まっているパズルのようなイメージがピッタリです。パズルの土台に、ルール（文法）に従ってピース（単語）を当てはめていけば、完成です。

　パズルの土台は３つの箱。頭の中に３つの箱を用意しておきましょう。この箱の順番がとっても大事です。

次のページで詳しく説明します。

① 主語	② 動詞	③ 目的語
は、が		を、に

①は「主語」の箱です。文章の主人公が入ります。
日本語の **「〜は」** か **「〜が」** の単語が入ります。

②は「動詞」の箱です。
主人公の動作や状態を表す単語が入ります。

③は「目的語」の箱です。
日本語の **「〜を」** か **「〜に」** の単語が入ります。

※②「動詞」の箱に「＝（イコール）」の役目をする動詞・主に be 動詞（am, is, are）が入っていたら、③の箱には、①の主語と＝（イコール）の関係になる単語が入ります。

（例）**Gen-chan is a boy.**（げんちゃんは男の子だ）

英語はパズル ピース編

　次のページの英単語をパズルのピースのように見立て、①「主語」の箱、②「動詞」の箱、③「目的語」の箱のどこに入るか振り分けてみましょう。

　：分けるときのヒント

①「主語」の箱に入れる単語は、日本語に訳すとき、「〜は」か「〜が」をつけても変じゃないことが条件だよ。

②「動詞」の箱に入れる単語は、動作の意味を持つ単語か、＝（イコール）の役目をする be 動詞だよ。

③「目的語」の箱に入れる単語は、日本語に訳すとき、「〜を」か「〜に」をつけても変じゃないことが条件だよ。

（ワーク）①②③のいずれかに✓を入れましょう。2つ✓が入る単語もあります

> ＜①主語の箱＞に入る場合は、①に✓
> ＜②動詞の箱＞に入る場合は、②に✓
> ＜③目的語の箱＞に入る場合は、③に✓

---

①□②□③□ **I**（私は、私が）

①□②□③□ **English**（英語）

①□②□③□ **you**（あなたは／が、あなたを／に）

①□②□③□ **study**（勉強する）

①□②□③□ **read**（読む）

①□②□③□ **Manga**（マンガ）

①□②□③□ **lunch**（ランチ）

①□②□③□ **meet**（会う）

①□②□③□ **tennis**（テニス）

①□②□③□ **play**（（プレイ）する）

①□②□③□ **Mrs.** カトゥーラ

①□②□③□ **is**（＝）

①□②□③□ **Japanese**（日本語、日本人）

①□②□③□ **am**（＝）

①□②□③□ **Gen-chan**（げんちゃん）

①□②□③□ **eat**（食べる）

①□②□③□ **a teacher**（（一人の）先生）

①□②□③□ **a boy**（（一人の）男の子）

：前のページの解答です。

① ✓ ② □ ③ □ I（私は、私が）

① ✓ ② □ ③ ✓ English（英語）

① ✓ ② □ ③ ✓ you（あなたは／が、あなたを／に）

① □ ② ✓ ③ □ study（勉強する）

① □ ② ✓ ③ □ read（読む）

① ✓ ② □ ③ ✓ Manga（マンガ）

① ✓ ② □ ③ ✓ lunch（ランチ）

① □ ② ✓ ③ □ meet（会う）

① ✓ ② □ ③ ✓ tennis（テニス）

① □ ② ✓ ③ □ play（（プレイ）する）

① ✓ ② □ ③ ✓ Mrs. カトゥーラ

① □ ② ✓ ③ □ is（＝）

① ✓ ② □ ③ ✓ Japanese（日本語、日本人）

① □ ② ✓ ③ □ am（＝）

① ✓ ② □ ③ ✓ Gen-chan（げんちゃん）

① □ ② ✓ ③ □ eat（食べる）

① ✓ ② □ ③ ✓ a teacher（（一人の）先生）

① ✓ ② □ ③ ✓ a boy（（一人の）男の子）

どの単語がどの箱に入るかチェックできましたか？

（ワーク）つぎの日本語を英文にするとき、区切られたことばが、①主語の箱、②動詞の箱、③目的語の箱のうち、どの箱に入るか、（　）内に番号を書いてみましょう。「は、が、を、に」がヒントです！　解答は次のページにあります。

① 主語 **は、が**	② 動詞	③ 目的語 **を、に**

① 私**は** / 英語**を** / 勉強します。
（　　）（　　）（　　）

② 私**は** / マンガ**を** / 読みます。
（　　）（　　）（　　）

③ げんちゃんと私**は** / テニス**を** / します。
　　（　　）　　　（　　）（　　）

④ Mrs. カトゥーラ**は** / 先生（です）。
　　（　　）　　　（　　）

⑤ げんちゃん**は** / 男の子（です）。
　　（　　）（　　）

⑥ 私**は** / 日本人（です）。
（　　）（　　）

【解答】

① 私**は** / 英語**を** / 勉強します。
（①）（③）　（②）

② 私**は** / マンガ**を** / 読みます。
（①）　（③）　　（②）

③ げんちゃんと私**は** / テニス**を** / します。
　　　（①）　　　　　（③）　　（②）

④ Mrs. カトゥーラ**は** / 先生（です）。
　　　（①）　　　　（③）

⑤ げんちゃん**は** / 男の子（です）。
　　　（①）　　（③）

⑥ 私**は** / 日本人（です）。
（①）（③）

つぎに、区切られたことばを英単語にして、それぞれの箱に入れてみましょう！　①＝③が成り立つ文章には、②の箱に be 動詞が入ります。解答は次のページにあります。

【解答】

①私は英語を勉強します。

  I study English.

②私はマンガを読みます。

  I read Manga.

③げんちゃんと私はテニスをします。

  Gen-chan and I play tennis.

④ Mrs. カトゥーラは先生です。

  Mrs. カトゥーラ is a teacher.

⑤げんちゃんは男の子です。

  Gen-chan is a boy.

⑥私は日本人です。

  I am Japanese.

時間にアンテナをはろう

　時間は動詞で決まります。②の動詞の箱に注意しながら、時間の表し方をみてみましょう。

【現在（普段）】私は英語を**勉強します**。

【過去】私は英語を**勉強しました**。

【未来】 私は英語を**勉強します**。

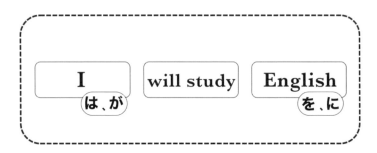

：英語は動詞だけで時間を表現するよ。現在、過去、未来の動詞のかたちが決まっているからね。詳しくは【深めるコラム】をみてね！

【現在（普段）】を表現する動詞のかたち
基本的に、**動詞に -es** が付きます。
He studies English.

※ただし、①主語の箱に以下の主人公がきたときは、原形（-es が付かない元のかたち）です。
I study English.（主人公がIの場合）
You study English.（主人公が You の場合）
You and I study English.（主人公が二人以上の場合）

【過去】を表現する動詞のかたち

基本的に、**動詞に -ed** が付きます。

単語によっては、独自の過去形を持つ単語もあります。

一つひとつ覚えましょう。

【未来】を表現するには助動詞の力を借ります。

will：「そうだ！ 京都へ行こう」のように思い付きや意志がある未来の気分のときに使います。

be going to：「〜するつもり（予定）です」のように、スケジュール帳に書ける具体的な未来に使います。

② 英語をペラペラにする「英語あたま」

「英語あたま」とは、頭に浮かんだ日本語を英語にするための考え方のことです。

日本語 → 簡単な日本語 → 英語

この流れをマスターすれば、自分が持っているピース（単語）だけで英語が話せるようになります。

「英語あたま」に必要な考え方は次の3つ。

> ことばの削除
> ことばの言い換え
> ことばの具体化

：日本語にあって英語には存在しない単語やフレーズはたくさんあります。「通じればOK」という気持ちで、英語にすることを楽しみましょう。
答えは一つではないので、頭をやわらかくして、自由な発想を大事にしてくださいね。

ことばの削除

:英会話で大切なのは「ズバリ何を伝えたいのか」を
はっきりさせること。そのためには……。

・説明が難しいと思ったら、迷わず削除
・ニュアンスにこだわらない。7割伝われば大成功！

:次の文章で「ことばの削除」をしてみよう！

「梅雨の時期なので、とても蒸し暑く感じますね」

この文章で
・相手に伝えたいことはどんなことでしょうか
・「削除」できるところはどこでしょうか

○梅雨の時期なので → 削除
○とても → 削除
○蒸し暑く → 暑いが伝われば OK じゃない？
○感じますね → 削除

⇒ It's hot.

ことばの言い換え

：思ったことが英語に変換しづらかったら、**簡単なことばに言い換え**てみよう。日本語をそのまま英語にするのは難しいからね。

・小学1年生でもわかる言い回しを考えよう
・自分が**知っている**英単語で代用できないか探ってみよう

：次の文章の「ことばの言い換え」をしてみよう！

「彼は上の空だった」

この文章で
・相手に伝えたいことはどんなことでしょうか
・どう「言い換え」たら、英語にしやすいでしょうか

○上の空とは？→　聞いていないこと

⇒ **He didn't hear me.**

※ちなみに「上の空」は absent-minded（こころがお留守）というようです。面白いですね。

ことばの具体化

：それでもことばにつまってしまったら、**具体的に表現**すると、ことばにしやすいよ。

・抽象的なことばは、**数字**や実際にあるもの、**例**などを使って表現しよう（この間→ 12 月に、など）

：次の文章の「ことばの具体化」をしてみよう！

「今日は一日ダラダラ過ごしてしまった」

この文章で
・相手に伝えたいことはどんなことでしょうか
・「具体的に」できるところはどこでしょう

○「ダラダラ過ごす」とは？　具体的に説明すると……
　　→ 何もしなかった？
　　→ ずっと動画ばかり観てた？
　　→ ベッドから出てこなかった？
　　→ ずっと家にいた？
　　→ リラックスしていたのかも？

こう見ると、知っている単語で伝えられそうですよね。

③ 「英語あたま」をマスターしよう

　実は、この「英語あたま」は、日本語を話すときにも使います。それは、小さい子と話すときです。

　例えば、テレビのニュース番組で「この問題につきましては、膝と膝を突き合わせて、入念に議論したいと思います」というフレーズが聞こえてきたとします。そのとき、小さい子に「ねえねえ、今何て言っていたの？」と聞かれたら、あなたは何と答えますか？

　小さい子でもわかる言い方に変えて答えますよね。英語にするときも同じで、頭に浮かんだ日本語を、小学１年生でもわかるくらいにかみ砕くと、とても伝えやすくなります。

・「英語あたま」をつかって
・３つの箱に英単語をあてはめながら

　英文をつくれば、どんなに難しい日本語でも、辞書なしで勝負できます。しかも、日常会話に必要な単語は、中学レベルで十分です。

　あとは、慣れるのみ！　Let's エクササイズ！

「英語あたま」に慣れるために、まずは日本語→日本語。次に、日本語→英語の順で練習しましょう。１分間でどれだけできるかトライ！

：次の日本語を「英語あたま」を使って、「シンプルに、短く、要点がはっきりした」日本語にしてみましょう。回答例は 86 ページにあります。

①もう一駅行けば、お目当ての駅に着きますよ！

→

②彼はかつて教員をやっていた。

→

③君がいなくなると思うと、さみしいよ。

→

④今日は凍えるような寒さだね。

→

⑤こんな日は家で一日中ぬくぬくしていたいね。

→

言語思考型の英語学習法　英文法これだけわかれば大成功

⑥外出したくなくなるよね。

→

⑦今日は本当に蒸し暑いね。

→

⑧こんな日は家で一日中ゴロゴロしていたいね。

→

⑨ごはんを作るのが億劫になっちゃう。

→

⑩わからなくもない。

→


```
英語あたまをきたえる１分間エクササイズ 英語編
```

「英語あたまをきたえる１分間エクササイズ 日本語編」で
答えた日本語を参考にして、今度は英語にしてみましょう。
１分間でどれだけ答えられるかトライ！　回答例は87ペー
ジです。

①もう一駅行けば、お目当ての駅に着きますよ！

→

②彼はかつて教員をやっていた。

→

③君がいなくなると思うと、さみしいよ。

→

④今日は凍えるような寒さだね。

→

⑤こんな日は家で一日中ぬくぬくしていたいね。

→

⑥外出したくなくなるよね。

→

⑦今日は本当に蒸し暑いね。

→

⑧こんな日は家で一日中ゴロゴロしていたいね。

→

⑨ごはんを作るのが億劫になっちゃう。

→

⑩わからなくもない。

→

英語あたまをきたえる１分間エクササイズ 日本語編

回答例

①もう一駅行けば、お目当ての駅に着きますよ！

→　次の駅！

②彼はかつて教員をやっていた。

→　彼は先生だった。

③君がいなくなると思うと、さみしいよ。

→　私はさみしい。

④今日は凍えるような寒さだね。

→　とっても寒い。

⑤こんな日は家で一日中ぬくぬくしていたいね。

→　家に居たい。

⑥外出したくなくなるよね。

→　外出したくない。／家に居たい。

⑦今日は本当に蒸し暑いね。

→　とっても暑い。／蒸し暑い。

⑧こんな日は家で一日中ゴロゴロしていたいね。

→　何もしたくない。/YouTube を観たい。

⑨ごはんを作るのが億劫になっちゃう。

→　夕飯を作りたくない。／レストランに行こう。

⑩わからなくもない。

→　わかる。／理解できる。

英語あたまをきたえる１分間エクササイズ 英語編

回答例

①もう一駅行けば、お目当ての駅に着きますよ！
→ Next station!

②彼はかつて教員をやっていた。
→ He was a teacher.

③君がいなくなると思うと、さみしいよ。
→ I miss you.

④今日は凍えるような寒さだね。
→ It's very cold.

⑤こんな日は家で一日中ぬくぬくしていたいね。
→ I want to stay home.

⑥外出したくなくなるよね。
→ I want to stay home.

⑦今日は本当に蒸し暑いね。
→ It's very hot. / It's humid today.

⑧こんな日は家で一日中ゴロゴロしていたいね。
→ I don't want to do anything. /
　I want to watch YouTube.

⑨ごはんを作るのが億劫になっちゃう。
→ I don't want to cook dinner./ I don't want to make
　meals. / Let's go to restaurant.

⑩わからなくもない。
→ I see. / I know. / I can understand.

言語思考型の英語学習法　英文法これだけわかれば大成功

英語と日本語の時間の話

　あなたは時間が何種類に分けられるか考えたことがありますか？

　英語の時間の概念には「過去、現在、未来」という３つの軸があります。そして、過去、現在、未来という動詞のかたちのほかにそれぞれ３つのパターンをもっています。瞬間のことだけを切り取っているのか（進行形）、ある程度時間の幅を含むものなのか（完了形）、それとも、幅も瞬間も両方含んでいるのか（完了進行形）という３パターンです。

　つまり、英語の世界では、時間は１２種類に分類できるのです。それが動詞だけで表せるなんて、とてもシステマティックですよね。一日は２４時間ですが、時間のとらえ方は英語と日本語で違います。英語は、時間のニュアンスを動詞だけで表せます。

　例えば、日本語で「宿題やったの？」と聞かれたとき、

やっていたら、「やってるよ」と答えますよね。英語だと

① I am doing my homework.
② I have been doing my homework.

　この２パターンの言い方ができます。どちらも「やってるよ」という意味です。ただ……

① I am doing my homework. は、「今、この瞬間（だけ）やっていること」を表します。

② I have been doing my homework. は、「（ある程度の時間）ずっとやっていること」を表します。

　動詞のかたちだけで、ニュアンスまで伝えられるなんて、すごいですよね。

さらに深めるコラム

～言語思考型にピッタリな英語学習本～

①言語思考型に特にオススメ

（英語の勉強を始めるときにオススメな本）

★『海外ドラマはたった 350 の単語でできている』

Cozy

西東社　2017 年

②英文法を学ぶのにオススメ

★『一億人の英文法 すべての日本人に贈る「話すため」の英文法』

大西泰斗、ポール・マクベイ

ナガセ　2011 年

★『一度読んだら絶対に忘れない英文法の教科書』

牧野智一

SBクリエイティブ　2021 年

★『A4 一枚英語勉強法　見るだけで英語ペラペラになる』

ニック・ウィリアムソン

SBクリエイティブ　2021 年

③リスニングを学ぶのにオススメ

★『英語耳　発音ができるとリスニングができる』

松澤喜好

KADOKAWA　2021年

★『TOEICリスニング満点コーチが教える3ヶ月で英語耳を作るシャドーイング』

谷口恵子

プチ・レトル　2017年

★『日本語ネイティブが苦手な英語の音とリズムの聞き方がいちばんよくわかるリスニングの教科書』

靜哲人

テイエス企画　2020年

④英会話を学ぶのにオススメ

★『これでネイティブっぽ！ゲス女の英会話』

YYYOKOOO

幻冬舎　2021年

★『カラー改訂版 世界一わかりやすい英会話の授業』

関正生

KADOKAWA　2019年

★『2億語のデータでわかった本当に使える英語　ビッグデータ英会話』

高橋基治、阿部一

西東社　2021年

第3章

聴覚型の英語学習法

ものまね上手な
「ミュージシャン」タイプ

一生ものの英語耳を
手に入れよう

：ミミオくんは、インプットもアウトプットも「音」を使うよね。聞こえたことをそのまま再現できるのは、素晴らしい才能よ。

：え？　そうなの？　嬉しいな。でも、聞いて真似するなんて、だれでもできるでしょ。

：だれでもできるわけじゃないの。"ミミオ度"が高くないと無理なのよ。聞いたまま真似ができて、覚えられるって、英会話に欠かせない才能なのよ。うらやましいわ。

：でも英語って苦手科目なんだよね。本を読むのは面倒だし、テストの成績も良くないから。

：大丈夫！　聴覚型の得意な感覚を生かした英語の勉強法があるの。

：得意なことって、当たり前すぎて気付けないものだね。才能だったなんて。俄然やる気がでてきたぞ！

○聴覚型の特徴
➡耳コピが得意。記憶は録音。声で再生可能。
○英語に役立つ要素
➡リスニング・スピーキングの素質が高い

聴覚型にピッタリな学習法 ＝ 聞いてまねして言ってみる

　聴覚型は、「聞くこと」と「声に出すこと」が大切です。英単語などの暗記は、音源があるテキストを使って、聞いて、まねしましょう。自分の声を脳に聞かせてあげる感じでどうぞ。どんな場面で使えるのか、イメージしながら覚えると、なおいいです！　海外留学も向いてます。

① これだけは押さえておきたい「日本語にない英語の音」
・ら行
・さ行
・は行

② 学校では教えてもらえない「音のルール」
・消える音
・濁音化
・音のローマ字化現象

③ 聞く、話すためのとっておきの練習方法

① これだけは押さえておきたい「日本語にない英語の音」

ら行・さ行・は行

英会話を成立させるには「聞ける」ことがとても大切です。相手が何を言っているのかがわかれば、英会話は8割成功していると言ってもいいでしょう。でも、多くの日本人が「英語が聞けない」ことに悩んでいるのも事実です。それはなぜ？

その理由は、私たち日本人が、そもそも

英語の音を知らない

からです。知らない音だらけでは聞き取れるわけがありません。その中でも全く未知の音が3種類あります。それが「ら行・さ行・は行」です。この3種類の音をマスターするだけで、「聞き取れない単語、通じない単語」が一気に減りますよ。

※こんなことに思い当たりませんか？

・light（光）と right（右・権利）の違いがわからない。
・sea（海）も she（彼女は）も「シー」と発音している。
・アメリカでコーヒーを注文したけれど、首を傾げられるだけでとうとう頼めなかった。

：次のページから始まる、文字と音をリンクさせる合言葉で、しっかりマスターしましょう！

日本語にない英語の音 ら行

:英語には2種類のら行があります。Lの「らりるれろ」とRの「らりるれろ」です。また、Lそのものの音、Rそのものの音もあります。ここでしっかり自分のものにしてくださいね。

Lの音は舌の先に注目

まず日本語で「らりるれろ」と言ってみてください。上あごを舌先ではじいて発音していると思います。

Lの【La Li Lu Le Lo】は、舌先を上の歯の付け根（歯の裏）ではじきます。舌の接点が変わるだけです。

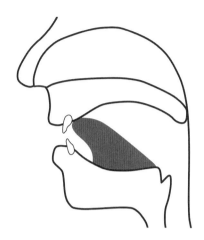

　舌先を上の歯の付け根にあてたまま、声を出してみましょう。「ウ」のような音が出ると思います。その音が 【L】 そのものの音です。

Rの音は「よーいドン！」

：よーい！

Rの【Ra Ri Ru Re Ro】は、準備が必要です。一つは、唇を「チューの口」のかたちにします。もう一つは、のどの奥をぐっと下げて、舌先をのどの奥の方にそらせます。そのとき、舌のわきが上の奥歯の側面にギュッと付いているはずです。

チューの口

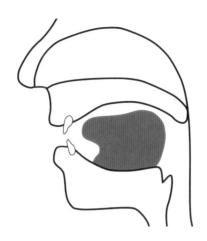

　そのまま声を出してみましょう。それが【**R**】そのものの
音です。

：**ドン！**
「よーい！」の準備ができたら、息を吸って「あ」
と言いながら、勢いよくすべてをもとに戻しましょ
う。ドン！

　「ぅら」のような音が出ると思います。

　同じ要領で母音（あ、い、う、え、お）を発音してみると、
それぞれ「ぅら、ぅり、ぅる、ぅれ、ぅろ」というような音
になります。

　舌先を動かすとき、**上あごに付かないように注意**しましょ
う。

：英語には３種類のさ行があります。
【S、Sh、Th】です。いずれも日本語の「さ」と全く
違う音です。

S の音は「そ」からつくる

　まず日本語で「そ」と言ってみてください。「そ」と言い
始めるときの舌先の位置のまま、勢いよく息だけ出してみま
しょう。その息だけの音が【S】の音です。

Sh の音は「チューの口」

　まず日本語で「チュ」と言ってみてください。その口の
まま、勢いよく息だけ出してみましょう。その息だけの音が
【Sh】の音です。

Th の音は「上の歯ペロっり」

　英単語に【Th】があったら、上の歯を舌でペロっとしなが
ら発音します。「ペロっり」ですから、舌の先を上の歯よりも
外に出して、高速で歯の先端をペロッとなめながら引っ込め
ます。舌に力が入りすぎないように注意です。

日本語にない英語の音　は行

：は行をローマ字で書くと【Ha Hi Fu He Ho】「ふ」だけ表記が違いますね。日本語にない英語の音は、その【F】の音です。

　普段、【F】をどう読みますか？　「エ」の次に日本語の「フ」と口をとがらせていたら……残念。それは英語の音ではありません。

Hの音はお腹から

　【H】は、お腹から出す暖かい息の音です。窓や鏡を拭き掃除するときに「はぁ〜」と吹きかける息の音と同じです。

Fの音は「ねずみ顔」

　英単語に【F】があったら「ねずみ顔」をしましょう。ズバリ前歯が特徴です。前歯を下唇に軽くあてます。そこにお腹からの圧の強い息を通します。その息だけの音が【F】の音です。

※前歯を軽くあてる位置は、正面から見える下唇の外側の部分ではなく、内側のツルツル部分に差し掛かる境目あたりがベストです。

Vの音は「Fに濁点」

【V】も【F】と同じ「ねずみ顔」で発音する音なので、ここでご紹介します。「ねずみ顔」をして、【F】に濁点を付けるイメージで、声を出してみましょう。**Bu**とは違う【V】の音が出ましたか？

※「ねずみ顔」のとき、前歯が正面から見えない人は、ニコッとしてみるといいですよ。

１分間発音エクササイズ 英単語編

 :【L】と【R】の発音に気を付けて、次の英単語を発音してみよう！

- **light**（光）
- **right**（右、正しい、権利）
- **lice**（シラミ）
- **rice**（お米）
- **really**（本当に）

 :【S】【Sh】【Th】の発音に気を付けて、次の英単語を発音してみましょう！

- **sea**（海）
- **she**（彼女は）
- **think**（思う）
- **sell**（売る）
- **shell**（貝殻）
- **Thank you**（ありがとう）

：【F】と【V】の発音に気を付けて、次の英単語を発音してみよう！

・**coffee**（コーヒー）
・**face**（顔）
・**four**（4）
・**five**（5）
・**twelve**（12）

※正確な英語の発音をすると、今まで動かしていなかった筋肉が疲れていることに気付くと思います。表情は、コミュニケーションの手段の一つ。英語の音のエクササイズで、表情筋をスムーズに動かせるようにしましょう。

② 学校では教えてもらえない「音のルール」

　英会話が聞き取れない原因は「音のルール」を知らないから。早口だから聞こえないのではないのです。知っておきたい「音のルール」は、つぎの3つ。

> **消える音**
> **濁音化**
> **音のローマ字化現象**

：この3つのルールをマスターできれば、もう大丈夫。聞き取れなかった英語が、ちゃんと聞こえてきますよ。

：ルールって覚えるのが大変そうだな。

：音のルールは、体感で習得できるの。いちいち考えなくても OK よ。英語は、リコーダーを吹くように話すのよ！

　英語を話すときは、たくさん息を吸って、一つ一つの単語を区切らずに発話します。リコーダーを吹くときのように、フレーズを長くとって、息を吐きつづけます。この息の使い方が、英語特有の音のルールを生んでいます。

消える音

【F, K, P, T】

消えてしまうのは、単語の最後にくる【F, K, P, T】の音です。日本語では、フ（Fu）、ク（Ku）、プ（Pu）、トゥ（Tu）と書きますが、実際の英語の音は、それぞれの母音をのぞいた音になります。

【F, K, P, T】に、それぞれ濁点を付けた音
=【V, G, B, D】ヴ（Vu）、グ（Gu）、ブ（Bu）、ドゥ（Du）、も、単語の最後にくると、消えてしまいます。

：例えば、Good morning.「グッ　モーニン」て言うよね。Good の【D】morning の【G】の音が消えてるね。

（ワーク）次の単語の最後のアルファベットの音【F, K, P, T, V, G, B, D】を言わないように気を付けて、読んでみましょう

☐ like 　　→ li(ke)
☐ I don't like ～ . 　　→ I do(n't) li(ke) ～ .
☐ I stop talking. 　　→ I sto(p) talkin(g).
☐ I had my hair cut. 　→ I ha(d) my hair cu(t).

濁音化

【t】

　【t】は、もともと無声（息だけの音）ですが、単語や文章の合間にくる【t】は、**有声の【d】（t に濁点が付いた音）**になります。

：例えば、**water** の読み方をカタカナで説明すると「ウォーダー」と発音します。【t】を【d】と発音するんですね。

　実際に声に出して言ってみてください！

　ネイティブ、特にアメリカ発音の **water** を聞くと、一体どう発音しているのかわからなかった、という方は謎が解けるはずです。

（ワーク）次の単語の「t」の音を「d」の音に変えて、読んでみましょう

☐ **party**（パーティー）　　→（パーディー）
☐ **beautiful**（ビューティフル）　→（ビューディフル）
☐ **Saturday**（サタデイ）　→（サダデイ）
☐ **It is ～**（イッティイズ～）　→（イッディイズ～）

音のローマ字化現象

 ： 音のローマ字化現象とは、文章中に子音と母音 （aiueo）の音が並んだら、ローマ字のようにくっつ いてしまうことをいいます。

「リコーダーを吹くように話す」英語ならではのルールです。 Mrs. カトゥーラが勝手に名付けました。

　例えば、**Thank you.**「サンク ユー」ではなくて、「サン キュー」と音がつながりますね。

（ワーク）次の文章の中で、どこがローマ字のように文字同士が くっつくのか、みてみましょう。わかったら声に出して読んでみ てください

☐ I want you.
☐ I need you.
☐ I love you.
☐ I like an apple.

→変わる所をカタカナで表すと

・**I want you.**　　　→Ｉウォンチュー．
・**I need you.**　　　→Ｉニージュー．
・**I love you.**　　　→Ｉラヴュー．
・**I like an apple.**　　→Ｉライカンナップル．

1分間チャレンジエクササイズ ごちゃまぜ編

3つの音のルールには、優先順位があります。

①消える音
②濁音化
③音のローマ字化現象

の順です。音のローマ字化現象は、一番最後に適応されます。
まずは、ルールがひそんでいるところをみつけましょう！

① **Look!**
　（見て！）

② **Did you come here?**
　（ここに来ましたか？）

③ **Look at me!**
　（私を見て！）

④ **I like it.**
　（それが好き）

⑤ **One of the fish is white.**
　（その魚のうちの一匹は白い）

⑥ I'll go on a trip.

（私は旅を続けます）

⑦ I'm loving it.

（お気に入り）

⑧ What an honor.

（なんと誇らしいことでしょう）

⑨ I met him yesterday.

（昨日、彼に会いました）

① **Look!**

→ **Loo**(k)! ＜消える音＞

② **Did you come here?**

→ **Di** " ジュー " **come here?** ＜ローマ字化現象＞

③ **Look at me!**

→ **Loo** " カッ "(t) **me!** ＜ローマ字化現象 / 消える音＞

④ **I like it.**

→ **I** " ライキ "(t). ＜ローマ字化現象 / 消える音＞

⑤ **One of the fish is white.**

→ " ワンノ "(f) **the fi** " シィ "(s) **whi**(te).

＜ローマ字化現象 / 消える音＞

　※ホワイトは「ワイ」と聞こえます。

⑥ **I'll go on a trip.**

→ **I'll go on** " ナ " **tri**(p).

＜ローマ字化現象 / 消える音＞

⑦ I'm loving it.

→ I'm lovin(g) i(t). ＜消える音＞

さらに→ I'm lovi ニ . ＜ローマ字化現象＞

（アイム ラヴィニ）

⑧ What an honor.

→ Wha 【t → d】 an honor.

＜濁音化＞

さらに→ Wha " ダ "n " ノナー ". ＜ローマ字化現象＞

（ワッダンノナー）

⑨ I met him yesterday.

→ I met (h)im yesterday. ＜消える音＞

さらに→ I me 【t → d】 im yesterday.

＜濁音化＞

さらに→ I me " ディム " yesterday. ＜ローマ字化現象＞

（アイ メディム　イエスダディ）

文章中の he, his, him, her の H の音は消えてしまう

「消える音」の中でも特に注意したいのが、文章中の【he, his, him, her】の H の音です。アメリカ発音は単語の頭にあるにも関わらず、ほぼ消えてしまいます。さらにローマ字化現象が起こるので注意してください。

☐ Does **he** have a dog?
　→ Does **(h)e** have a dog? ＜消える音＞
さらに→ " ダズィ " have a dog? ＜ローマ字化現象＞

☐ Is **he** coming?
→ Is **(h)e** coming? ＜消える音＞
さらに→ "イズィー" coming? ＜ローマ字化現象＞

☐ I like **her**.
→ I like **(h)er**. ＜消える音＞
さらに→ I li " カー ". ＜ローマ字化現象＞

◯消える音重視派 VS. ◯ローマ字化現象重視派

　人によって、どちらを重視するかで、同じ文章でも言い方が違ってきます。

I like coffee but I don't like tea.

（コーヒーは好きだけど、紅茶は好きじゃない）

◯消える音重視派　　※（　）＝消える音

→ **I li**(ke) **coffee bu**(t) **I don**('t) **li**(ke) **tea.**

（アイ ライ コフィー バッ アイ ドン ライ ティー）

◯ローマ字化現象重視派

※（　）＝消える音　【　】＝濁音化　" "＝ローマ字化現象

→ **I' li**(ke) **coffee bu 【t → d】 I don**('t) **li**(ke) **tea.**

さらに→ **I li**(ke) **coffee bu** " ダイ " **don**('t) **li**(ke) **tea.**

（アイ ライ コフィー バダイ ドン ライ ティー）

：発音するときは、たくさん息を吸って、大きな声で言ってみましょう。エクササイズの例文がスラスラ言えるようになったら、映画や動画などで生の英語を聞いてみてください。「本当にそう言っている‼」と実感できるはずです。

③ 聞く、話すためのとっておきの練習方法

「シャドーイング」という、リスニングもスピーキングも同時に飛躍すること間違いなしの練習法があります。自分が英語のシャドー（影）になって、声で音源についていく方法です。

効果的な【シャドーイング】の方法

①音源を用意します。（英検やTOEICのリスニング問題、動画、テキストの音源など）

②目をつむり、意識は耳に全集中（イヤフォンがあるといいです）。英語の意味などは考えないようにします。

③たくさん息を吸います。

④再生ボタンをスイッチオン！　同時に息が続く限り、聞こえてきたそばから繰り返していきます。

※音源優先で、自分の声は小さく発声。
※練習時間は一回30秒で十分です。同じ部分を一週間程度、何度も繰り返しましょう。繰り返せるようになったら、次の30秒にすすみましょう。

日本語と違いすぎる英語の話　音の数編

　さて、みなさん、突然ですが、質問です。私たちが普段しゃべっている日本語には、いくつ音があるか知っていますか？　日本語は「あ」は「あ」としか読みませんよね。つまり、文字と音が一致しているので、別の言い方をすると、日本語には何文字あるでしょうか？　ということになります。

　ヒントは、小学生で習う「ひらがな50音表」です。さらにガザダバパや、きゃきゅきょなど、また外来語の音の表記の仕方などが加わります。認識の仕方で違いがありますが、だいたい100〜130くらいと言われています。

　それに比べて、英語は何個でしょう？　アルファベットは26文字ですね。でも、音は……これも認識の仕方で数が変わってくるのですが、1000という人もいれば、3万という人もいます。イギリス英語とアメリカ英語でも発音は違うので、訛りのようなものも入れると、ものすごい数になるのだと思います。

約100種類ある日本語の音に対して、英語は少なく見積もっても約1000種類。その中で、日本語とほぼ同じ英語の音は1000個中何個あると思いますか？

答えは、ズバリ「あいうえお」の5コだけです。しかも、全く同じ音ではありません。

　1000コ以上ある音のうち、5コしか知らずに聞こうとしていたのかと思うと、落胆を通り越して「そりゃあ、できないはずだ」と開き直れるほどだと思います。

　私たち日本人は、そもそも英語の音を知らないのです。英語は「ペラペラ」としか聞こえないのです。知らない音だらけでは聞き取れるわけがありません。

　この際、開き直ってしまいませんか。そして、未知のモノを知ることを素直に楽しみましょう。そうでないと、いつまでたっても英語を日本語のように発音する「カタカナ英語」の弊害に苦しむことになります。

　そこで大活躍するのが、聴覚型の特徴「記憶は録音。声で再生」です。聞こえたままを素直に声に出せることは、すばらしい才能なのです。この感覚を使って練習していくことで、英会話が飛躍的に上達します。

※数については諸説あります。

日本語と違いすぎる英語の話　周波数編

　そもそも「音」は、周波数です。周波数とは1秒間に繰り返される音の波の数のことです。単位はヘルツ（Hz）。音には特有の周波数があります。言語にもそれぞれ特有の周波数があって、英語は2000ヘルツから20000ヘルツといわれ、日本語は1500ヘルツ以下といわれています。英語は小波、日本語は大波というイメージです。

　単純に考えて、許容範囲が1500のところに、20000のモノが来たら、パニックになりますよね。脳は、防衛反応として、スルーしてなかったことにするか、知っているものに変換させてしまおうとする機能を作動させます。

　20000ヘルツの英語を、1500ヘルツに慣れている日本人が全く聞こえないのかといったら、そういうわけではありません。ただ、脳の機能上、英語の音そのものを受け取ることが難しいのです。

　外国語で歌われているのに日本語のように聞こえる「空耳」をネタにしたTV番組のコーナーがあります。日本人にとって英語が、常に「何を言っているのかわからない」か、「なぜか知っている日本語に聞こえてくる」のどちらかになってしまうのは、周波数と脳の機能の問題が大きく関わっていたのです。

聞けなかった英語を聞けるようにするためには、文字と音を一致させていく作業が欠かせません。英語を正確に発音できれば、ちゃんと聞こえてくるのです。

　しかも、たった1回言えればOKです。なんだか不思議ですね。もちろん、私自身の経験でもありますし、何百人という受講生さんも同じでした。もしかしたら、脳は自分の声しか聞いていないのかもしれません。なので、英語を覚えるときは、自分の声を脳に聞かせてあげるように発声するといいですよ。

　最後に、一つ心に留めておいてほしいことがあります。リスニング力アップには、正確な発音がとても大切ですが、話すときに完璧な発音は必ずしも必要ではないということです。

　英語は国際言語として約11億人に話されていますが、母国語話者は約4億人しかいません。日本語英語の発音は恥ずかしい、と思うことはありません。英会話のときは、大きな声を出すことを一番大切にしてください。留学先で、自分の英語が通じないと思っていた学生が、いつもの2倍の大きさで話したら、難なく通じたという話があるくらいですから。

英語耳を手に入れると……

 ：実は、アルファベットの正確な発音ができるようになることは、書くことにもとても有効です。

　まだ娘が小さかった頃、こんなやり取りをしたことがあります。

娘：ママ～！　「ハロー」のローって英語でどう書くの？
と、少し離れたところから私に聞いてきたので

私：ロー（llo）だよ！
とＬの発音をしたところ

娘：あ、Ｌね。
と即答でした。

　音とアルファベットが一致していると、音からアルファベットが起こせます。

　単語を覚えるときには、音源を聞いて、声に出しながら覚えましょう。読める、書ける、聞ける、話せる、一石四鳥になりますよ。

さ ら に 深 め る コ ラ ム

〜聴覚型にピッタリな英語学習本〜

①聴覚型に特にオススメ

（英語の勉強を始めるときにオススメな本）

★『英語のニーモニック　円周率から歴史年号・イギリス王室まで覚え歌大集合』

友清理士

研究社　2001 年

★『初級者からのニュース・リスニング CNN Student News 2022 [夏秋] 』

CNN English Express 編集部

朝日出版社　2022 年

★『フォニックス英語リスニング 文字と音のルール " フォニックス " で 聞こえた英語の音を瞬時に文字変換する』

ジュミック 今井

クロスメディア・ランゲージ（インプレス）2020 年

②英文法を学ぶのにオススメ

★『英語サンドイッチメソッド中学英語編 聞くだけ ! 中学 3 年間の英語がおさらいできる CD ブック』

デイビッド・セイン　アスコム　2016 年

★『CD BOOK 中学3年分の英語が3週間で身につく音読』

長沢寿夫

明日香出版社　2019年

③リスニングを学ぶのにオススメ

★『英語を聞きとる力が飛躍的にアップする新メソッド 10秒リスニング』

小西麻亜耶

三修社　2020年

④英会話を学ぶのにオススメ

★『キクタン英会話【基礎編】』

一杉武史

アルク　2013年

★『決定版 英語シャドーイング＜入門編＞【改訂新版】』

玉井健

コスモピア　2017年

★『12週間で「話せる」が実感できる魔法のなりきり英語音読』

サマー・レイン

エムディエムコーポレーション　2019年

★『CD BOOK 人気バイリンガル講師イムラン先生のネイティブにきちんと伝わる英会話レッスン』

イムラン・スィディキ

明日香出版社　2014年

記憶が映像として残る
「カメラマン」タイプ

第 **4** 章

視覚型
の英語学習法

目を使って
リスニング力をアップさせよう

：アイちゃんは、見たままを記憶したり、イメージしたりすることが得意よね。

：そうよ！ 過去のことは、写真や動画を見返すように思い出せるもの。2歳の頃の記憶だってあるわ。

：まさに目から情報を得ているのよね。それがアイちゃんの素晴らしい才能ね。

：でも、そんな才能があっても、英語はなかなかできるようにならないわ。

：大丈夫！ 英語を勉強するときも、視覚型の感覚を生かしましょう。**視覚をフル活用して「リスニング力」を上げちゃう方法**だってあるのよ。

：うそ！ 目で見て耳がきたえられるの？ どうやってやるのか知りたいわ。教えて！ Mrs.カトゥーラ。

○視覚型の特徴
➡記憶は写真や録画。目からの情報が優位。
○英語に役立つ要素
➡リスニングの飛躍とイメージ力の素質が高い

視覚型にピッタリな学習法 = イメージを使う

　文字から連想されるイメージ（画像や映像）と文字を結び付けて覚えましょう。抽象的な単語は、「いいイメージ」「悪いイメージ」などアバウトで構いません。

① タイパ最高「たった5分で外国人の話す英語がゆっくりハッキリ聞こえてくる」方法
・目で英語耳スイッチオンへの5STEP

② イメージ力で英語力アップ
・妄想英語学習法

③ シミュレーションしてみましょう
・1分間イメージエクササイズ　はじめまして編
・1分間イメージエクササイズ　あいさつ編
・1分間イメージエクササイズ　休日明け編

タイパ最高「たった5分で外国人の話す英語がゆっくりハッキリ聞こえてくる」方法

つぎの5STEPで、英語耳がスイッチ・オンされます。所要時間はたったの5分。

STEP1　英語の音声を聞く
STEP2　ビフォーチェック
STEP3　タイムをはかりながら、英文を黙読する（4回）
　　　　※日本語訳が気になってしまう場合は、先に日本語訳を読んでおく
STEP4　耳を両手でグルグルとマッサージして、深呼吸。リラックスして、最後にもう一度だけ英文を黙読。
STEP5　アフターチェック

●用意するもの
①ストップウォッチ
・スマホの時計機能にあるものでOK

②英語の音声・1分程度
・好きな音源を選んでください。日本昔話の英語版、TED Talks（動画配信サービス）、教科書のreadingの音源、洋画の予告など、英語がずっと流れているものが好ましいです。サンプル（QRコード）も用意したので、音源が手元にない方は使ってください。

目で英語耳スイッチオンへの5STEP

STEP 1
・英語の音声を聞いてください。

サンプル音源

＜聞くときのポイント＞
・好きな音楽を聞くときのように、リラックスして聞いてください。
・内容がわかるかどうかは全く関係ありません。
・日本語をシャットダウンしてください。

STEP 2
・ビフォーチェックで聞こえ方の現状把握をしましょう。

　次ページの「ビフォーアフター✓表」の3つの項目について、1回目の欄のあてはまる結果に✓を入れましょう。

（例）
★普段、音楽などを聴くときと同じクリア感であれば、クリア感の「いつもと同じ」に✓をします。
★英語の音声がとても早口に感じたら、速さの「速い」に✓をします。
★聞き覚えのある英単語が1/3以下だったら、耳に入ってくる英単語の量の「少しある」に✓をします。

ビフォーアフター ✓ 表

★クリア感	クリアに 聞こえない	いつもと同じ	クリアに 聞こえる
1回目			
2回目			
★速さ	速い	ふつう	ゆっくり
1回目			
2回目			
★耳に入ってく る英単語の量	ほとんど無い	少しある	ほとんど 聞きとれた
1回目			
2回目			

STEP 3

・次のページの英文を4回黙読します。

・一回ごとにタイムを計り、下の表に書き込んでください。

	タイム
1回目	
2回目	
3回目	
4回目	

＜英文黙読の際のポイント＞

・訳したり、内容を把握することは必要ありません。

・回を追うごとにスピードを上げていきましょう。

※英文を訳す必要はないのですが、日本語訳が気になってしまう場合は、英文黙読の前に日本語訳を読んでから始めてください。英文の次のページに用意してあります。

It is said that English is a common language in the world. In fact, 1.75 billion people use English these days.

They are divided into two groups. One is Native English speakers and the other is Non-native speakers. Native speakers use English as their mother tongue.

Furthermore, non-native speakers are divided into two groups: ESL (English as a second language) and EFL (English as a foreign language). People in ESL group use English in their daily lives although it is not their mother tongue. For example, people in the Philippines and India use English in their daily lives in addition to their mother tongue. People in EFL group use English for only international communication such as Japanese.

In various areas of the world, many non-native speakers use English. Their English is not always the same and doesn't sound the same as a native speaker's. They have different accents, but they can communicate with each other. Therefore, they are all good speakers of English.

【日本語訳】

　英語は世界共通語だと言われています。事実、近年、17.5億人の人々が英語を使っています。

　英語を話す人たちは、二つの種類に分けられます。一つは、ネイティブスピーカー、もう一つはノンネイティブスピーカーです。ネイティブスピーカーは、英語を母国語として使っています。

　さらに、ノンネイティブスピーカーは、二つに分けられます。ESL（英語を第二言語として使う人）とEFL（英語を外国語として使う人）です。ESLグループの人たちは、英語は母国語ではないけれど、日常生活で使っています。例えば、フィリピンやインドに住んでいる人たちは、彼らの母国語に加えて、英語も使います。EFLグループの人たちは、日本人のように、国際的なコミュニケーションのためだけに英語を使います。

　世界中のさまざまな地域で、多くのノンネイティブスピーカーの人々が英語を使っています。彼らの英語はいつも同じではなく、発音もネイティブスピーカーとは違います。アクセントも違いますが、お互いにコミュニケーションを取ることができます。こういった意味で、彼らはみんな、上手に英語を使っています。

STEP 4

・両手で両耳を持ち、グルグルグル〜と何回かマッサージして、深呼吸しましょう。リラックスして、最後にもう一度だけ英文を黙読します。

STEP 5

アフターチェックで、変化を確認しましょう。

・STEP 1で聞いた音源をもう一度聞いてください。

・「ビフォーアフター✓表」の2回目の欄に、感じた結果をチェックしましょう。

：英語耳スイッチオン！ 終了です。

おめでとうございます。

② イメージ力で英語力アップ

：リスニングの次は、イメージ力を使ってさらに英語力をアップさせましょう！　例えば、下の9コの単語を覚えるとしたら、アイちゃんはどうやって覚えるかしら。

・enjoy 〜 ing（〜するのを楽しむ）
・finish 〜 ing（〜し終える）
・stop 〜 ing（〜するのを止める）
・hope to 〜（〜をのぞむ）
・need to 〜（〜する必要がある）
・want to 〜（〜したい）
・begin 〜 ing / to 〜（〜し始める）
・like 〜 ing / to 〜（〜することが好き）
・love 〜 ing / to 〜（〜することが大好き）

：どうやって覚える？　覚え方なんて考えたことがないわ。あ〜ん。見ただけで拒否反応が起きちゃう。全然頭に入ってこない。

：じゃあ、こうしたらどうかしら。

[過去の出来事]	[現在も]		[未来!]

enjoy ～ ing「～するのを楽しむ」　like「好き」　　hope to「～をのぞむ」
finish ～ ing「～し終える」　　　love「大好き」　　need to「～する必要がある」
stop ～ ing「～するのを止める」　begin「し始める」　want to「～したい」

：とらえ方がぜんぜん違う‼

：それから、**to** は、「→」矢印のイメージと結び付けてみて。これからくる「未来」と関連づけやすいわよね。

：**to** は「矢印」で、未来のイメージね。そうすると……。**～ ing** は、過去と関係するイメージね。

：こうしてシンプルなイラストやイメージを使うと覚えやすいんじゃないかしら。

：ありがとう、Mrs.カトゥーラ。希望が見えてきたわ！

：英会話の中で使いたいフレーズを覚えるときにオススメな方法です。

場面をイメージ
声に出して反復練習

・フレーズを使う場面をイメージします。場所は？　登場人物は？　どんなシチュエーション？

・その場面の中で、言いたいことを声に出して言います。一回目はたどたどしいかもしれません。

・スラスラ言えるようになるまで何度も繰り返します。バッチリ言えるようになったら完了です。

　妄想の中で練習した成果を、現実の世界で発揮できるように準備しておきましょう。

　現実の世界で失敗してしまったときこそ、習得のチャンスです！　妄想英語学習法を使いましょう。「ああ、言いたいことが言えなかった」と悔しくなったときこそ、もう一度冷静に「どう言いたかったか」をゆっくり考えてみましょう。落

視覚型の英語学習法　目を使ってリスニング力をアップさせよう

ち着いて考えてみると、意外と思いつくものです。それでも思いつかない場合は、辞書を片手に英作文をします。

　そして、場面をイメージして、実際に言ってみます。スラスラと言えるようになったら OK です。妄想の成功体験も実際の成功体験も、脳にとったら一緒です。成功体験として、体になじんでいます。

　英会話を上達させるために「トライ→振り返り→復習→実践（妄想で OK）」という流れを欠かさないようにしましょう。

③ シミュレーションしてみましょう

：次から始まるエクササイズの英文をつかって、妄想
英語学習法の練習をしてみましょう！

・**YOU** があなたです。
・日本語を読んで、場面をしっかりイメージします。
・登場人物をありありとイメージしましょう。
・相手のセリフは黙読でかまいません。
・自分のセリフは声に出して何度も繰り返します。

　エクササイズに慣れてきたら、好きな場面設定で妄想英語
学習をしてみてください。はじめは第1章のエクササイズを
使うといいでしょう。

　自分が普段やっていることや、趣味、興味があることなど
を話す場面も自由に設定してみましょう。その際の英作文は、
第2章言語思考型の**「これだけは知っておきたい英文法」**を
参考にしてくださいね。

視覚型の英語学習法　目を使ってリスニング力をアップさせよう

1分間イメージエクササイズ はじめまして編

YOU：こんにちは！ 私は＿＿＿＿あなたの名前＿＿＿＿です。

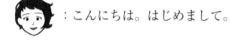：こんにちは、＿＿＿あなたの名前＿＿＿！

私はアイよ。はじめまして。こちらは Mrs. カトゥーラ。

：こんにちは。はじめまして。

YOU：こんにちは。お会いできてうれしいです。

YOU：Hi! I'm ＿＿＿＿あなたの名前＿＿＿＿.

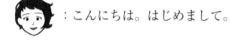：Hi, ＿＿＿あなたの名前＿＿＿！ I'm Ai.

Nice to meet you. This is Mrs. カトゥーラ.

：Hi. Nice to meet you.

YOU：Hi. Nice to meet you, too.

： ＿＿＿あなたの名前＿＿＿！

YOU：Mrs. カトゥーラ！

 ：調子はどう？

YOU：元気です。Mrs. カトゥーラは？

 ：とっても元気よ！

 ：Hi, ＿＿＿あなたの名前＿＿＿！

YOU：Hi, Mrs. カトゥーラ！

 ：How are you?

YOU：Good. How are you?

 ：Great!

視覚型の英語学習法 目を使ってリスニング力をアップさせよう

第 4 章　143

1分間イメージエクササイズ 休日明け編

 ：＿＿あなたの名前＿＿！

YOU：ああ、アイちゃん！

 ：この週末どうだった？

YOU ①：よかったよ。～に行ったの。すっごく楽しかった。
～知ってる？

YOU ②：退屈だったぁ。ずっと家にいたから。

 ：Hi,＿＿あなたの名前＿＿！

YOU：Hi, Ai-chan!

 ：How was your weekend?

YOU ①：It was good. I went to ～ . It was really fun. Do
you know ～ ?

YOU ②：Boring. I stayed home all day long.

リスニング力アップのカギは目だった！

　脳は五感の中で、目に一番頼っています。目からの情報は、約8割といわれています。残りの2割をあとの4つの感覚で得ているのですから、目がどれだけ脳に信頼されているかがわかると思います。

　リスニングに関していえば、一度聞いた音源を5倍速にして何度か聞くとしましょう。脳は、速さに追いつこうと必死に回転速度を上げます。そのあと、また元の速さに戻して聞いたら、ゆっくり聞こえますよね。

　同じことを目を使ってやるのが、130ページでご紹介した**タイパ最高「たった5分で外国人の話す英語がゆっくりハッキリ聞こえてくる」方法**です。目を使えば、簡単に変化を感じられます。また、速度に変化を感じなくても、脳が活性化しているので、より多くの情報を得られるはずです。

　ぜひ「英語を聞く」前に、活用してください。いつでも、

どこでも、何度でも OK です。

目でいつでもどこでもリス・トレ

　リスニングのときに、聞こえてきた英語をすべて日本語にしようとしていませんか？　実は、最もやってはいけないことです。日本語にしている最中にも、次から次へと英語は流れてきます。いちいち日本語に訳している時間はありません。

　それに、英語を理解できるかどうかは、日本語に訳せるかどうかではありません。最終的に、英語は英語そのもので受け入れられることが理想です。

　そこで、英語を日本語に変換しないためのリスニング・トレーニング（リス・トレ）にもなるのが、**タイパ最高「たった 5 分で外国人の話す英語がゆっくりハッキリ聞こえてくる」方法**です。

　特に、＜英文黙読の際のポイント＞をしっかり押さえてくださいね。何より、緊張感は、パフォーマンス能力を下げてしまいます。深呼吸をしてリラックスして取り組んでみてください！

さらに深めるコラム

〜視覚型にピッタリな英語学習本〜

①視覚型に特にオススメ

（英語の勉強を始めるときにオススメな本）

★『写真と動画で見る ジェスチャー・ボディランゲージの英語表現 』
ランサムはな
クロスメディア・ランゲージ（インプレス）2020年

★『読まずにわかる こあら式英語のニュアンス図鑑』
こあらの学校
KADOKAWA　2020年

②英文法を学ぶのにオススメ

★『マンガでカンタン! 中学英語は7日間でやり直せる。』
関谷由香理、澤井康佑
学研プラス　2018

★『カナヘイの小動物 絵をみてパッとおぼえる英文法 −くらべてわかる! 似ている143の動詞・助動詞・形容詞・副詞・前置詞』
カナヘイ、リサ・ヴォート　ディーエイチシー　2017年

③リスニングを学ぶのにオススメ

★『決定版 英語シャドーイング 超入門』

玉井健

コスモピア　2008 年

④**英会話を学ぶのにオススメ**

★『ネイティブなら子どものときに身につける 英会話なるほどフレーズ 100』

スティーブ・ソレイシィ、ロビン・ソレイシィ

アルク　2000 年

★『音声無料ダウンロード付き 英熟語図鑑』

清水建二、すずきひろし、本間昭文（イラスト）

かんき出版　2020 年

★『難しいことはわかりませんが、マンガで英語が話せる方法を教えてください！』

スティーブ・ソレイシィ、大橋弘祐

文響社　2021 年

★『使える動詞だけ覚えなさい！英会話フレーズ 700』

伊藤太、ゲーリー・スコット・ファイン

西東社　2018 年

★『ながめて覚える英単語 1200』

甲斐ナオミ

かんき出版　2021 年

第5章

成りきることが得意な
「カメレオン俳優」タイプ

感覚型
の英語学習法

英語脳スイッチを
オンにしよう

：フシギちゃんは、小さい頃、お母さんごっこやお人形遊びが好きじゃなかった？

：わあ、懐かしい。今でも、色々妄想して遊んでいるわ。最近は、駅のホームをランウェイに見立てて、スーパーモデルごっこをするのにハマっているの。

：その「成りきり力」がフシギちゃんの強みよ。英会話にもとても役立つのよ。

：えー。そうなの？　でも、会話となると恥ずかしいし、緊張しちゃって。

：その緊張感が、一気に軽くなる方法があるの。

：知りたい！　どうやったらできるの？

：それが「英語脳スイッチ」よ！

○感覚型の特徴
➡独自の世界観を大切にする。天性の役者
○英語に役立つ要素
➡リスニング・スピーキングの素質
コミュニケーションを純粋に楽しむためのベース

感覚型にピッタリな学習法
＝ 英語モードの自分に成りきる

　単語や文法など、覚えたいものがあったら、英語がデキる自分に成りきって読んでみましょう。なるべく、覚えたい単語が入っている「文章」で何度も言って覚えましょう。

① 英語を話す自分に成りきろう

　・英会話を楽しむための「英語モード」
　・すでに英語を話している自分になる方法
　・英語脳スイッチ・オンの方法

② 「英語モード」でマスターしよう

　・1分間成りきりエクササイズ「Morning 編」
　・1分間成りきりエクササイズ「Evening 編」
　・1分間成りきりエクササイズ「デート編」

英語を話す自分に成りきろう

英会話を楽しむための「英語モード」

：英会話を楽しむためには、脳を「日本語モード」から「英語モード」に変える必要があります。

「英語モード」の状態とは……

・英語そのもので聞くことができる
・リラックスしている
・英語が口から出やすくなる
・日本語で考えなくなる
・姿勢がいい
・エネルギッシュ
・はきはきと言いたいことを言っている
・反応が早い
・表情が豊か
・身振り手振りが自然と出ている
・オープンマインド
・堂々としている
・声が大きい

マンガなどで、小学生の男の子が「**ペラペラペ〜ラ**」などとでたらめを言って、英語を話している気になっているシーンをみたことはありませんか。この「ペラペラペ〜ラ」が英語モードです。

「英語モード」になるには、２つの方法があります。

・すでに英語を話している自分になる方法
・「英語脳スイッチオン」の方法

　まずは、すでに英語を話している自分になる方法で、「英語モード」を体感してください。

「英語モード」を発動させる手段として、「英語脳スイッチオン」を使ってください。

すでに英語を話している自分になる方法

：英語が話せるようになりたければ、英語を話せる自分に成りきってしまいましょう。感覚型が得意な「成りきり力」は、コミュニケーションを楽しむためのベースです。想像の世界で何かに成りきって遊ぶように、現実の世界でも「まるでネイティブのように、英語が話せる自分」に成りきってください。やり方はいたって簡単。

好きな洋画を観る

ズバリ、好きな洋画を観ることです。感覚型の人は何も考えず、ただ好きな洋画を観てください。見終わったら、もうその気になっていますから。その気分のまま、次のステップに進みましょう。

もう一つ、ただただコミュニケーションを楽しむことを体感するのに、ジブリッシュ（Gibberish）をやってみるのもオススメです。

ジブリッシュとは、意味のないでたらめ言葉を口に出すこ

と。演劇などで表現力を身につけるためのトレーニング法として世界で使われています。

　ジブリッシュを楽しめるようになると、オープンマインドになって、心からコミュニケーションを楽しめる状態が持続します。詳細は「Gibberish-Lab.」HP や LINE 公式アカウントをぜひ参考にしてみてください。

「まるでネイティブのように、英語が話せる自分」に成りきってしまえば、緊張感なく、コミュニケーションが楽しめます。知識よりも「**ペラペラペ～ラ**」です！

　とはいえ、いつも「英語モード」に成りきれるとは限りません。そんなときこそ「英語脳スイッチ・オン」の出番です。

英語脳スイッチ・オンの方法

 :「英語脳スイッチ・オン」は、**「英語モード」を発動**させる方法です。緊張感が引き起こすネガティブな要素を瞬時に改善して、最善の力を発揮できる状態にしてくれます。

英会話のときに、以下のことを感じたことはありませんか？

・外国人を目の前にするとカチコチになってしまう
・英語のスピードに圧倒されて聞き取れない
・頭が真っ白になってしまう
・英単語が思い出せない
・日本語ばかりが浮かんでしまう
・あれこれ考えてしまう
・自信がない
・表情がこわばる
・自然なジャスチャーができない

こんな状況を瞬時に改善してくれます。

＜やり方＞

①イラストの○で囲まれた部分を人差し指と親指ではさみます。「きゅっ、きゅっ、きゅーっ」と、3回ななめ上方向にひっぱります。

②最後の「きゅー」のとき、耳をひっぱったまま、意識をハートの中心にもっていきます。(だいたいこの辺かなというところを意識すれば大丈夫です)

③耳はひっぱったまま、「1、2、3」と心の中でカウントしながら、もうこれ以上吸えないというくらい**鼻から**息を吸います。

感覚型の英語学習法　英語脳スイッチをオンにしよう

④息を止めます。（心の中で１〜７までカウントします）

⑤１〜７までカウントしながら、もうこれ以上吐けないというくらい**口から**吐ききります。

　英語の勉強の前、リスニングや会話の前、いつでも、どこでも、何回でも、スイッチオンを試してみてください。リラックスした状態でいい集中力が発揮されるはずです。

「英語脳スイッチ・オン」の方法は、自律神経を調整してくれる耳つぼから生まれました。詳細は、神門堂 HP や LINE 公式アカウントをぜひ参考にしてみてください。

② 「英語モード」で英語をマスターしよう

：成りきりエクササイズで必須フレーズを覚えよう。成りきり力さえあれば、コミュニケーションの準備はOK。

　憧れの映画俳優になったつもりで、何度も言いましょう。1分間に何回くり返せるかトライ！

　シチュエーションを想像して、その場で話している感じがつかめるまで、何度も言って覚えてください。

1分間成りきりエクササイズ Morning 編

＜平日の朝＞
学校の前で、仲のいい友達とバッタリ会いました。

A：Good morning! What's up?
　（おはよう！　調子はどう？）

B：Good. / Not bad.
　（いいよ / 悪くないよ）

感覚型の英語学習法　英語脳スイッチをオンにしよう

A : What are your plans for today?

（今日の予定は？）

B : I have an English test.

（英語のテストがあるんだよ）

A : Oh-oh.

（ありゃ）

B : I will do my best.

（がんばるのみ）

A : Good luck!

（がんばって！）

B : Thanks. Have a nice day!

（ありがとう。いい一日を！）

A : You, too.

（あなたもね）

＜一日のおわりに＞
放課後、仲のいい友達に会いました。

A : How was your day?
（今日はどうだった？）

B : Nothing special./ I cooked Curry and rice in home economics class. It tasted awesome!
（特別なことはなかったよ。／家庭科の授業で、カレーをつくったよ。すっごくおいしかった）

A : Where are you gonna go after school?
（学校の後はどこに行くの？）

B : I'm gonna go straight home.
（まっすぐ帰るわ）

A : Are you free this weekend?
（今週末、空いてる？）

B : Yeah, I'm free.
（うん。空いてるよ）

感覚型の英語学習法　英語脳スイッチをオンにしよう

A : Can you help me this weekend?

　（今週末、手を借りてもいい？）

B : Sure.

　（いいよ）

1分間成りきりエクササイズ デート編

＜休日の朝＞

今日は、好きな子とデート。待ち合わせ場所に相手が現れました。

A : Hi!

　（やあ）

B : Hi! What shall we do today?

　（やあ。今日、何しようか）

A : Let's go to Mt.Taro! I brought lunch boxes.

　（太郎山に行こうよ！　お弁当持ってきたよ）

B : Wow!

　（いいね）

A : Is there anything you can't eat?

（食べられないものある？）

B : No. I can eat everything you made.

（ないよ。君がつくったものは全部食べられる）

A : All cucumber.

（全部きゅうりだけど）

B : No way.

（まさか）

A : Just kidding.

（うそうそ）

感覚型の英語学習法　英語脳スイッチをオンにしよう

英語モードが発動すると……

　私も英語を話すときは「英語モード」です。学校の授業中に「英語モード」な自分にハッとしたことがありました。ネイティブの先生2人と私、3人で授業をしていたときのことです。**Gift** という単語をネイティブの先生が会話とジェスチャーで生徒に教えようとしていました。

A: **Here is a gift for you.**

　（はい、君へのおくりもの）

　と言って、何かをあげようとするしぐさをしたA先生に対して、B先生が、ちょっと大人っぽい顔をして

B: **Oh, you are my gift.**

　（ああ、あなたが私のギフトだよ）

　と言ったとき、私は思わず **Wow** ♡ と言っていました。

英会話は「音のキャッチボール」ですから、思わず声が出るのは「英語モード」のなせるわざです。

　私がそのとき完璧に「日本語モード」だったとしたら、フフフと声も出さずに微笑んで終わりだったと思います。なんとなく、モードの違いがイメージできたでしょうか。

英語モードを学問してみよう

　英語と日本語は全く違います。なにからなにまで正反対といっても過言ではありません。ここでは「英語モード」とはどんなものなのか具体的にみていきたいと思います。

＜文章の構造の違い＞
英語は、結論から表現する言葉です。

　例えば、日本語の場合、「昨日、フシギちゃんが買ってきてくれたリンゴを、フシギちゃんと一緒に食べま……」まで話しても、最後の最後まで聞かないと食べたのか、食べなかったのかわかりません。

これを英語で伝えるとしたら
I ate apples...

と、「食べた」ことから始めます。

ほかの例でいくと、日本語で「英語を勉強することは……」までしか聞こえなかったら、英語を勉強することは何なのか、一番知りたいことがわかりません。日本語は結論を最後に持ってくる言語だからですね。

では、この文章を英語ならではの表現にすると

It's interesting to learn English.

まず、面白いという結論を先に伝えていますね。

これは一つの例ですが、英語を話すときは、「そもそも何が言いたいのか」をはっきりさせておかないと、話し始めることができないこともあるのです。

＜考え方の違い＞

以前、ある会社の社長さんの英語レッスンで「自己紹介の仕方」をレクチャーしたときのことです。自分の役職を伝えるために

I'm the president of the company.
I have my own company.

などの表現があるとお伝えしたところ、

「こんなことまで言うんですか」と、ちょっと困った顔をされました。

「普段（日本で）自己紹介をするときは、『○○会社の〜（名字）です』と名乗って、名刺を渡すのがふつうだから、

I'm the president of the company.（私は社長です）

　なんて言ったら、相手にひかれる感じがするなぁ」
ということでした。

　たしかに日本人の控えめな感覚でいうと、「私は社長です」と自分で言うのは、ちょっと偉そうな感じがして、違和感があるかもしれません。でも、英語ネイティブとの会話であれば、事実を伝えているだけですから、何の問題もないのです。

　相手がどう思うかを察する日本人に対して、**事実をわかりやすく伝える思考**が、英語を話すときの基礎になっているということですね。

英語脳スイッチがある場所

　英語脳スイッチは**ハート**にあります。そこには、英語用アンテナも一緒に存在します。実は「**英語とハート**」、「**日本語とハラ**」は、とても密接な関係にあります。

　その証拠に、英語には heart に関連する言葉がたくさんあります。また日本語には、ハラに関連する言葉がたくさんあります。みなさんはいくつ思いつきますか？

　例えば、
・at heart（心底は）
・break one's heart（ひどく悲しむ）
・learn by heart（暗記する）
・from the bottom of my heart（心の底から）
・follow your heart（心の声に従う）など。

　それに対して、日本語は、
・腹を決める
・自腹を切る
・腹を固める
・腹を割る
・腹の底から笑う、などです。

: さらにいうと

【英語】have a heart-to-heart talk （心と心で話す）
　→日本語に訳すと「腹を割って話す」

【英語】black-hearted （黒い心）
　→日本語に訳すと、「腹黒い」

になります。面白いですね！

 : 感覚型でなくても、英会話のときはハートを意
識することをオススメします。緊張感がやわらい
で、英語そのもので受け取りやすくなります。コ
ミュニケーションは音の交換。英語用アンテナで
英語をキャッチし、英語で理解できたら理想的で
すよね。

さ ら に 深 め る コ ラ ム

〜感覚型にピッタリな英語学習本〜

①感覚型に特にオススメ

（英語の勉強を始めるときにオススメな本）

★『アッと驚く英語の語源』

小泉牧夫

サンマーク出版　2021 年

★『英語が話せる人はやっている 魔法のイングリッシュ ルーティン』

ミラクル・ベル・マジック

KADOKAWA　2021 年

★『海外ドラマで面白いほど英語が話せる超勉強法』

出口武頼

KADOKAWA　2019 年

★『男と女のスリリング 映画で覚える恋愛英会話』

戸田奈津子

集英社　1999 年

②英文法を学ぶのにオススメ

★『ネイティブスピーカーの英語感覚ーネイティブスピー カーの英文法（3)』

大西泰斗、ポール・マクベイ

研究社出版　1997 年

★『英文法をこわす 感覚による再構築』

大西泰斗

NHK出版　2020 年

③リスニングを学ぶのにオススメ

★『独学でも英語が話せる ３分間パワー音読トレーニング』

横山カズ

ディーエイチシー　2021 年

④英会話を学ぶのにオススメ

★『NHK CD BOOK おとなの基礎英語 海外旅行が最高に楽しくなる英会話フレーズ ニューヨーク・ロンドン編』

松本茂

NHK出版　2018 年

★『名言だけで英語は話せる！』

菊間ひろみ

幻冬舎　2016 年

★『特派員直伝 とらべる英会話』

読売新聞国際部、The Japan News、肱岡礼子

研究社　2017 年

感覚型の英語学習法 英語脳スイッチをオンにしよう

第6章 タイプ別 苦手な感覚 克服法

5つの感覚を全部磨いて 英語を完全マスター

読むのが苦しくなったあなたへ

　私たちは慣れていないものに、ストレスを感じます。苦手な認知才能を使おうとすると、ストレスを感じて当たり前です。

　でも、英語をマスターするためには、**5つの認知才能すべて**が必要です。あきらめる前に、もう一度、あなたの強みを活用して、苦手なタイプを克服しましょう。そこでタイプ別に、どのように読み進めていけば効率よく習得できるかアドバイスします。

直感反応型の人の克服法

＜直感反応型は、テンポのいい対話と実践で克服＞
　まず、各章の Mrs. カトゥーラと仲間のやりとりだけを読んでみてください。そして、自分も会話に入っているかのように「は？」と思ったところには「ツッコミ」を入れるなど、「心の声」を実際に声に出しながら読み進めてみましょう。

＜直感反応型のための第２章【言語思考型】の読み方＞

　細かいことは気にせずに、まずは『英語あたまをきたえる１分間エクササイズ 日本語編』（p.83）に挑戦しましょう。頭の回転が速い直感反応型は、いろんなバリエーションを思いつくと思います。

　次に、それを英語にするとき、必要になってくるのが英文法です。『①これだけは知っておきたい英文法』（p.66）を読み進めてください。心の声を出すことを忘れずに！

＜直感反応型のための第３章【聴覚型】の読み方＞

『１分間発音エクササイズ　英単語編』（p.106）をやってみましょう。次に、『①これだけは押さえておきたい「日本語にない英語の音」』（p.96）に戻って説明を読みます。

　そのあとも、エクササイズから先に取りくんでください。「へー」と思ったときは、その気持ちをすかさず声に出しましょう。

＜直感反応型のための第４章【視覚型】の読み方＞

『タイパ最高「たった５分で外国人の話す英語がゆっくりハッキリ聞こえてくる」方法』（p.130）で、聞こえ方の変化を楽しみましょう。そのあとは、順に読みすすめてください。特にエクササイズは、パッと英文が言えるようになるまで、声に出して練習しましょう。

＜直感反応型のための第5章【感覚型】の読み方＞

『英語脳スイッチ・オンの方法』（p.156）で、まず英語脳スイッチをオンしちゃいましょう。

　そのままエクササイズに突入です。とにかく、成りきって、会話の場面を想像しながら、楽しみましょう。あとは、あなたの好奇心のおもむくまま、読み進めてください。

 ：がんばって！

言語思考型の人の克服法

<言語思考型は、分析とまとめで克服>

文字情報に抵抗がない人が多い言語思考型ですから、順調に読んでこられたのではないでしょうか。

もし、行き詰まってしまったら、要点を自分なりにまとめながら読んでみましょう。頭の中だけで理解しようとせずに、本に書き込んでもいいですし、新しいまとめノートをつくってもいいと思います。

ポイントになることは何なのか、分析して、まとめて、書くことがオススメです。

<言語思考型のための第1章【直感反応型】の読み方>

軽いエッセイを読む感じで、一度さらっと読んでみましょう。そのあとで各ワークや1分間エクササイズに取り組んでみてください。

<言語思考型のための第3章【聴覚型】の読み方>

軽いエッセイを読む感じで、一度さらっと読んでみましょう。章の途中でまとめたりする必要はありません。

そのあと『1分間発音エクササイズ　英単語編』（p.106）と『1分間チャレンジエクササイズ　ごちゃまぜ編』（p.112）で練習してください。実際に口や舌を動かしながら繰り返しやってみましょう。うまくいかないところだけ、よく読み返してください。

＜言語思考型のための第4章【視覚型】の読み方＞

　最初に『深めるコラム』の中の『リスニング力アップのカギは目だった！』（P.145）を読んでください。

　次に、リスニングのコツを知ったうえで、『タイパ最高「たった5分で外国人の話す英語がゆっくりハッキリ聞こえてくる」方法』（P.130）をしっかり読んで、トライしてください。

＜言語思考型のための第5章【感覚型】の読み方＞

『英語脳スイッチ・オンの方法』（P.156）で、まず英語脳スイッチをオンしちゃいましょう。それから、章のあたまに戻って読み進めてください。

　：君ならできるよ！

聴覚型の人の克服法

＜聴覚型は、楽しく音読で克服＞

聴覚型の人たちには、本の内容を音でお届けできればいいのですが、文章や目から情報を得る感覚も育ててほしいので、がんばってください。

聴覚型にオススメの読み方は「声に出して読む」ことです。最初のうち、乗り気にならなかったら、自分の声を録音しながら読むと楽しいですよ。読むというよりも、録音することを意識してくださいね。

＜聴覚型のための第1章【直感反応型】の読み方＞

まずは、各『リアクションエクササイズ』を、声に出して読んでみてください。第3章【聴覚型】で練習したアルファベットの発音に気を付けながら、英語っぽくすることを楽しんでみましょう。そのあと、最初から読み進めます。

＜聴覚型のための第2章【言語思考型】の読み方＞

各『英語あたまをきたえるエクササイズ』から取り組みましょう。即、回答例を読んでしまってかまいません。声に出して読みましょう。

そのあと、『②英語をペラペラにする「英語あたま」』（p.78）を読んでください。なぜその文章ができあがるのかがわかったら、『①これだけは知っておきたい英文法』（p.66）を読むことをオススメします。

＜聴覚型のための第4章【視覚型】の読み方＞

最初に『深めるコラム』の中の『リスニング力アップのカギは目だった！』（p145）を、読んでください。

次に、リスニングのコツを知ったうえで、『タイパ最高「たった5分で外国人の話す英語がゆっくりハッキリ聞こえてくる」方法』（p.130）をしっかり読んで、トライしてください。

＜聴覚型のための第5章【感覚型】の読み方＞

『英語脳スイッチ・オンの方法』（p.156）で、まず英語脳スイッチをオンしちゃいましょう。それから、章のあたまに戻って読み進めてください。文字の見え方がよりクリアになるのがわかると思います。

 ：一緒にがんばろう！

視覚型の人の克服法

＜視覚型は、イメージをしながら克服＞

視覚型の人たちには、映像でお届けできればいいのですが、文章からの情報を得る感覚も育ててほしいので、がんばってください。

最初に第5章【感覚型】で英語脳スイッチをオンにしてください。文字の見え方がよりクリアになります。同じ文を何度も追っていたり、一行とばして読んでいたりすることが少なくなります。

そのうえで、イメージをわかせながら読んでいきましょう。

＜視覚型のための第1章【直感反応型】の読み方＞

最初の Mrs. カトゥーラとピカリンや、途中に出てくる会話文を、映像をイメージしながら読んでみましょう。各『リアクションエクササイズ』では、得意なイメージ力をさらに発揮させて、シーンを想像しながらトライしてください。

＜視覚型のための第2章【言語思考型】の読み方＞

Mrs. カトゥーラとげんちゃんのやりとりを、映像としてイメージしながら読んでください。そのあと、『③「英語あ

タイプ別苦手な感覚克服法

たま」をマスターしよう』（p.82）の1分間エクササイズに取り組みましょう。即、回答例を読んでしまってかまいません。ここでもイメージを大切に。

　そして、『②英語をペラペラにする「英語あたま」』（p.78）を読んでください。なぜその文章ができあがるのかがわかったら、『①これだけは知っておきたい英文法』（p.66）を読むことをオススメします。

＜視覚型のための第3章【聴覚型】の読み方＞
　Mrs.カトゥーラとミミオのやり取りを、映像としてイメージしながら読んでください。そのあと『1分間発音エクササイズ 英単語編』（P.106）と『1分間チャレンジエクササイズ ごちゃまぜ編』（p.112）で練習してください。実際に口や舌を動かしながら繰り返しやってみましょう。うまくいかないところだけ、よく読み返してください。

＜視覚型のための第5章【感覚型】の読み方＞
『英語脳スイッチ・オンの方法』（p.156）で、まず英語脳スイッチをオンしちゃいましょう。それから、5章の最初に戻って、読み進めてください。文章を楽に目で追える感覚がわかると思います。

：楽しんでいこう！

感覚型の人の克服法

<感覚型は、成りきって克服>

　英語が得意な優等生に成りきって読んでみましょう。第5章【感覚型】の英語脳スイッチ・オンから始めるのもオススメです。読み進められなかった文章が目で追いやすくなります。頭にも入りやすいですし、覚えるのにも最適です。

<感覚型のための第1章【直感反応型】の読み方>

　最初の Mrs. カトゥーラとピカリンの会話文を読んで、ピカリンの特性をつかみ、ピカリンに成りきりましょう。

　途中に出てくる会話文も、「ピカリンだったらどう反応するかな？」と、登場人物に成りきって読んでみると面白いですよ。

<感覚型のための第2章【言語思考型】の読み方>

　最初の Mrs. カトゥーラとげんちゃんの会話文を読んで、げんちゃんの特性をつかみましょう。

　そのあとは、文章を読むのが得意なげんちゃんに成りきって読み進めてください。『③「英語あたま」をマスターしよう』（p.82）の各エクササイズでは、俳優や声優になったつもりで、取り組んでみてください。

＜感覚型のための第3章【聴覚型】の読み方＞

　最初の Mrs. カトゥーラとミミオの会話文を読んで、ミミオの特性をつかみましょう。

　そのあとは、ミミオに成りきって読み進めてください。各1分間エクササイズは、自分に戻って、自分ならどう応えるかを意識して取り組んでくださいね。

＜感覚型のための第4章【視覚型】の読み方＞

　最初の Mrs. カトゥーラとアイちゃんの会話文を読んで、アイちゃんの特性をつかみましょう。

　そのあとは、アイちゃんに成りきって読み進めてください。「イメージ力で英語力アップ」で紹介した『妄想英語学習法』（p.139）は、感覚型にもかなりオススメの学習法です。『③シミュレーションしてみましょう』（p.141）の各『イメージエクササイズ』では、その場面の中にいる感覚で遊んでください。

 ：ゆっくりで大丈夫！

5つの感覚を磨いて、
きれいな★五芒星を完成させよう

　英語ができるということは、「読む、書く、聞く、話す」ことができるようになることです。そのためには、どの認知才能も欠かすことができません。5つの種類があるので、完成形は★五芒星のイメージがピッタリです。

　はじめはアンテナが1つかもしれません。でも、それぞれの感覚を知り、使っていくことで、きれいな星形が完成します。なので、最後まであきらめることなく、読破してくださいね。

おわりに　あなたはとてもすばらしい

　おめでとうございます。英語をマスターするために、自分の中にある才能を知り、活かしながら、ここまで歩んでこられました。

「先生の言う通りにしても英語ができない理由」は、先生の得意な感覚とあなたの得意な感覚とのミスマッチにありました。

　実は、もっと根本的な原因があります。それは良くも悪くも「自分を肯定しない」ことです。日本特有の「みんな同じ」という共有感覚があるからかもしれません。

　日本には「謙虚さが美徳」という文化があり、気を使ったり、空気を読みすぎたりする日本人にとって、自分の才能や人と違うことを自分が認めてかつアピールすることは、マイナスの行為ととらえられがちです。だからこそ「自分の才能」に無頓着になっています。

　でも、英語学習において、自分の才能に無関心なことは「英語がデキない」致命的な原因なのです。英語圏の文化は、「みんな違う」という概念がベースとなっています。

　自分を肯定できてはじめて、自分にはないものや、正反対

なもの、つまり多様性を受け入れられるようになります。日本語とは全く違う性質をもつ「英語」をものにするために必要なベースです。さらに、自己肯定感が高くなると、自ずとやる気もわいてきますよね。

　私は英語を教えるとき、「あなたはもともとすばらしい」ということをまず実感してほしいと思っています。

　そこで、本書では、当たり前すぎて誰も気付くことができなかった「英語がデキるようになる才能」を自分の中に見出だし、生かせるしくみを考えました。

　それは、自分の得意とする才能を知り、才能別に異なる方法で英語学習をスタートするという画期的な学習法であり、さらに言えば、「自律した個々が、多様性を受け入れて、自分の世界を広げていくこと」につながると信じています。それこそが、本来の英語学習の目的です。

　英語を通して、みなさん一人ひとりが才能を開花させて、自分の世界を広げられることを願っています！

　さいごに。本書を作るにあたって、ありがたいご縁に恵まれました。Mrs. カトゥーラと５人の仲間たちのキャラク

ターを描いてくれたデザイナー、かつての教え子、きのした
ゆかさん。企画書の段階から私が伝えたいことを理解してく
ださっていた、みらいパブリッシングの副編集長とうのあつ
こさん、一番近くで励まし、寄り添ってくださった担当編
集者の佐井亜紀さん。私の可能性を信じて、出版への道のり
を伴走してくださった城村典子さんはじめ、J discover の
みなさん。本当にありがとうございました。Special thanks
to といれいさん、Xiaodan Wang.

                          Mrs. カトゥーラ・河東田美恵

河東田美恵（かとうだ・みえ）

長野県上田市出身。世界を変える英語講師 Mrs. カトゥーラ、講演家。八雲学園中学校高等学校英語教員、元 NHK 文化センター講師。

「たった５分でネイティブ英語がハッキリ聞こえるようになるリスニング専門セミナー」主宰、"心・技・体" を使って英語を学ぶアカデミー「ME English」代表。

自身が苦手を克服してきたノウハウを生かして日本にいながら誰でも英語がデキるようになるメソッド化に成功。０歳から82歳まで幅広い年齢層に教えている。リスニングセミナーは過去４年間で400人以上が受講し「もっと早く先生と出会いたかった」と喜びの声が多数寄せられている。いつでもどこでも好きな時間に学べる e ラーニング講座も好評開催中。共著に『1時間で英語脳をオンにする 英語目ラーニング』がある。

LINE 公式アカウント

ご質問はこちらまで。
書き込みに使える表や
英語の音声もここから
ダウンロードできます。

＜河東田式英語メソッド＞

◆リスニング対策（英語が聞けるようになる）

○ **英語目ラーニング**
　外国人の話す英語が、ゆっくりハッキリ聞こえるようになる
○ **日本語にない英語の音**
　聞こえた英語が、理解に結び付くようになる
○ **フォニックス**
　アルファベットには「名前と音」があることを知って、英語が聞こえるようになるだけでなく、通じる英語が話せるようになる
○ **音法、呼吸法**
　英語がペラペラと聞こえてしまう理由が明確になり、速く聞こえてしまう英語がきちんと聞こえるようになる

◆スピーキング対策（英語が話せるようになる）

○ **英語はパズル**
　日本語と英語の違いと英語の仕組みを明確にして、英語を話すためのベースを作る
○ **英語脳**
　辞書なしで通じる英語を話せるようになる
○ **効果的なスピーキング練習法**
　実践
○ **サバイバルイングリッシュ**
　旅行、プレゼンテーション、ビジネス英語…目的別レッスン

Mrs. カトゥーラの新感覚★タイパ英語

2023年3月13日　初版第1刷

著者　河東田美恵
発行人　松崎義行
発行　みらいパブリッシング
〒166-0003 東京都杉並区高円寺南4-26-12 福丸ビル6F
TEL 03-5913-8611　FAX 03-5913-8011
https://miraipub.jp　mail：info@miraipub.jp
企画協力　Jディスカヴァー
編集　佐井亜紀
ブックデザイン　則武 弥（paperback Inc.）
イラスト　きのしたゆか、といれい
発売　星雲社（共同出版社・流通責任出版社）
〒112-0005 東京都文京区水道 1-3-30
TEL 03-3868-3275　FAX 03-3868-6588
印刷・製本　株式会社上野印刷所
©Mie Katoda 2023 Printed in Japan
ISBN978-4-434-31589-3 C2082